# TRANZLATY

## La Langue est pour tout le Monde

ژبه د هر چا لپاره ده

# Le Manifeste Communiste

## مانیفست کمونیستی

## Karl Marx
## &
## Friedrich Engels

Français / پښتو

# Introduction

سريزه

Un spectre hante l'Europe : le spectre du communisme

یک شبح اروپا را آزار می دهد ـ شبح کمونیزم

Toutes les puissances de la vieille Europe ont conclu une sainte alliance pour exorciser ce spectre

د زاره اروپا ټول قدرتونه د دې شبح د له منځه ورلو لپاره په یوه سپیڅلی اتحاد کې داخل شوی دی

Le pape et le tsar, Metternich et Guizot, les radicaux français et les espions de la police allemande

پاپ و تزار ، مترنیخ و گیزو ، رادیکالهای فرانسوی و جاسوسان پولیس آلمان

Où est le parti dans l'opposition qui n'a pas été décrié comme communiste par ses adversaires au pouvoir ?

کجا است حزب مخالف که توسط مخالفان خود در قدرت به عنوان کمونیست محکوم نشده است ؟

Où est l'opposition qui n'a pas rejeté le reproche de marque du communisme contre les partis d'opposition les plus avancés ?

کجاست اپوزیسیون که سرزنش کمونیزم را علیه احزاب اپوزیسیون پیشرفته تر رد نکرده است ؟

Et où est le parti qui n'a pas porté l'accusation contre ses adversaires réactionnaires ?

و کجا است حزبی که این اتهام را علیه مخالفان ارتجاعی خود وارد نکرده است ؟

Deux choses résultent de ce fait

له دې حقیقت څخه دوه شیان پایله لری

I. Le communisme est déjà reconnu par toutes les puissances européennes comme étant lui-même une puissance

I. کمونیزم از قبل توسط تمام قدرت های اروپایی پذیرفته شده است که خود یک قدرت است

II. Il est grand temps que les communistes publient ouvertement, à la face du monde entier, leurs vues, leurs buts et leurs tendances

2 - زمان آن فرا رسیده است که کمونیست ها در مقابل تمام جهان ،
دیدگاه ها ، اهداف و تمایلات خود را آشکارا منتشر کنند

ils doivent répondre à ce conte enfantin du spectre du
communisme par un manifeste du parti lui-même

آنها باید این داستان کودکی شبح کمونیزم را با یک مانیفست خود حزب
ملاقات کنند

À cette fin, des communistes de diverses nationalités se sont
réunis à Londres et ont esquissé le manifeste suivant

برای این منظور ، کمونیست های مختلف از ملیت های مختلف در لندن
گرد هم آمدند و این مانیفست را ترسیم کردند

ce manifeste sera publié en anglais, français, allemand,
italien, flamand et danois

دا منشور باید په انگلیسی ، فرانسوی ، آلمانی ، ایتالوی ، فلاندری او
دنمارکی ژبو خپور شی

Et maintenant, il doit être publié dans toutes les langues
proposées par Tranzlaty

یی ورراندي کوی Tranzlaty او اوس باید په تولو ژبو کی خپره شی چی

## Les bourgeois et les prolétaires
بورژوازی و پرولتاریا

L'histoire de toutes les sociétés qui ont existé jusqu'à
présent est l'histoire des luttes de classes

تاریخ تمام جوامع موجود ، تاریخ مبارزات طبقاتی است

Homme libre et esclave, patricien et plébéien, seigneur et
serf, maître de guilde et compagnon

فری مین او غلام ، اشرافی او پلبین ، بادار او رعیت ، د انجمن استاد او
مسافر

en un mot, oppresseur et opprimé

در یک کلام، ظالم و مظلوم

Ces classes sociales étaient en opposition constante les unes
avec les autres

دا تولنیز طبقی تل د بل په مخالفت کی ولاړ وو

Ils se sont battus sans interruption. Maintenant caché,
maintenant ouvert

هغوی بی وقفه جګړه وکړه.اوس پټ دی، اوس پرانیستل دی

un combat qui s'est terminé par une reconstitution
révolutionnaire de la société dans son ensemble

مبارزه ای که یا به یک انقلابی بازسازی جامعه به پایان رسید

ou un combat qui s'est terminé par la ruine commune des
classes en lutte

یا جنګی که به تباهی مشترک طبقات متخاصم ختم شد

Jetons un coup d'œil aux époques antérieures de l'histoire

راځئ چی د تاریخ پخوانیو دورو ته وګورو

Nous trouvons presque partout un arrangement compliqué
de la société en divers ordres

موږ تقریباً په هر ځای کی د ټولنی یو پیچلی ترتیب په مختلفو نظمونو
کی وینو

Il y a toujours eu une gradation multiple du rang social

تل د ټولنیز رتبی څو برابره درجه بندی شوی ده

Dans la Rome antique, nous avons des patriciens, des
chevaliers, des plébéiens, des esclaves

په لرغونی روم کی موږ پاتریسیان، شوالیه، پلیبین، غلامان لرو

au Moyen Âge : seigneurs féodaux, vassaux, maîtres de corporation, compagnons, apprentis, serfs

په منځنیو پیریو کي :فیودال سالاران، رعیت لر، د انجمن استادان مسافرین، شاګردان، رعیت ،

Dans presque toutes ces classes, encore une fois, les gradations subordonnées

تقریباً په دي ټولو ټولګیو کي ، بیا هم ، ماتحت درجه بندي

La société bourgeoise moderne est née des ruines de la société féodale

جامعه بورژوازی مدرن از ویرانه های جامعه فیودالی جوانه زده است

Mais ce nouvel ordre social n'a pas fait disparaître les antagonismes de classe

اما این نظم جدید اجتماعی تضادهای طبقاتی را از بین نبرد

Elle n'a fait qu'établir de nouvelles classes et de nouvelles conditions d'oppression

این فقط طبقات جدید و شرایط جدید ظلم را ایجاد کرده است

Il a mis en place de nouvelles formes de lutte à la place des anciennes

د زړو مبارزو پر ځای یي د مبارزې نوي بڼي رامنځته کړي دی

Cependant, l'époque dans laquelle nous nous trouvons possède un trait distinctif

با این حال ، دوره ای که ما خود را در آن می یابیم دارای یک ویژگی متمایز است

l'époque de la bourgeoisie a simplifié les antagonismes de classe

عصر بورژوازی تضادهای طبقاتی را ساده کرده است

La société dans son ensemble se divise de plus en plus en deux grands camps hostiles

جامعه به عنوان یک کل بیشتر و بیشتر به دو اردوگاه های متخاصم بزرگ تقسیم می شود

deux grandes classes sociales qui se font directement face : la bourgeoisie et le prolétariat

دو طبقه اجتماعی بزرگ که مستقیما در مقابل یکدیگر قرار داشتند : بورژوازی و پرولتاریا

Des serfs du Moyen Âge sont sortis les bourgeois agréés des premières villes

د منځنیو پیریو د رعیت څخه د لومرنیو بنارونو چارتر برګران راپورته
شول

C'est à partir de ces bourgeois que se sont développés les
premiers éléments de la bourgeoisie

له دغو برګیسونو څخه د بورژوازی لومرنی عناصر وده وموندله

La découverte de l'Amérique et le contournement du Cap

د امریکا کشف او د کیپ ګردچاپیره

ces événements ont ouvert un nouveau terrain à la
bourgeoisie montante

این رویدادها زمینه تازه ای را برای بورژوازی در حال ظهور باز کرد

Les marchés des Indes orientales et de la Chine, la
colonisation de l'Amérique, le commerce avec les colonies

بازارهای هند شرقی و چین ، استعمار آمریکا ، تجارت با مستعمرات

l'augmentation des moyens d'échange et des marchandises
en général

د تبادلی په وسایلو او په عمومی توګه د اجناسو زیاتوالی

Ces événements donnèrent au commerce, à la navigation et à
l'industrie une impulsion jamais connue jusque-là

دې پیبنو سوداګری ، کبنتیو چلولو او صنعت ته داسې انګیزه ورکره چې
مخکې له دې نه پیژندل شوی وه

Elle a donné un développement rapide à l'élément
révolutionnaire dans la société féodale chancelante

این امر به عنصر انقلابی در جامعه متزلزل فیودالی سرعت بخشید

Les guildes fermées avaient monopolisé le système féodal de
la production industrielle

ترل شویو اصناف د صنعتی تولید فیودالی سیستم انحصار کری وو

Mais cela ne suffisait plus aux besoins croissants des
nouveaux marchés

خو دا نور د نویو بازارونو د زیاتبدونکو غوښتنو لپاره کافی نه و

Le système manufacturier a pris la place du système féodal
de l'industrie

د تولیدی سیستم د صنعت د فیودالی سیستم ځای ونیو

Les maîtres de guilde étaient poussés d'un côté par la classe
moyenne manufacturière

د انجمن ماستران د تولیدی منځنی طبقې له خوا له یوې خوا ټیل وهلی وو

La division du travail entre les différentes corporations a disparu

د مختلفو شرکتونو د انجمنونو تر منځ د کار ویش له منځه ولارل

La division du travail s'infiltrait dans chaque atelier

د کار ویش په هر ورکشاپ کې نفوذ وکر

Pendant ce temps, les marchés ne cessaient de croître et la demande ne cessait d'augmenter

په عین وخت کې، بازارونه هر وخت په وده کې وو، او تقاضا هر وخت په لوریدو وه

Même les usines ne suffisaient plus à répondre à la demande

حتی فابریکي هم د غوښتنتو پوره کولو لپاره کافی نه وو

À partir de là, la vapeur et les machines ont révolutionné la production industrielle

پس از آن ، بخار و ماشین آلات انقلابی در تولید صنعتی ایجاد کردند

La place de fabrication a été prise par le géant de l'industrie moderne

د تولید ځای د غول ، عصری صنعت لخوا ونیول شو

La place de la classe moyenne industrielle a été prise par des millionnaires industriels

د صنعتی منځنی طبقی ځای د صنعتی میلیونرانو لخوا ونیول شو

la place de chefs d'armées industrielles entières ont été prises par la bourgeoisie moderne

د ټولو صنعتی لښکرو د مشرانو ځای د معاصر بورژوازی له خوا ونیول شو

la découverte de l'Amérique a ouvert la voie à l'industrie moderne pour établir le marché mondial

د امریکا کشف د عصری صنعت لپاره لاره هواره کره ترڅو نړیوال بازار جور کری

Ce marché donna un immense développement au commerce, à la navigation et aux communications par terre

دی بازار د څمکی له لاری د سوداگری، کښتیو او اریکو ته بی ساری پرمختگ ورکر

Cette évolution a, en son temps, réagi à l'extension de l'industrie

دا پرمختگ په خپل وخت کې د صنعت د پراختیا په اړه غبرگون بنودلی
دی

elle a réagi proportionnellement à l'expansion de l'industrie
et à l'extension du commerce, de la navigation et des
chemins de fer

دا په تناسب غبرگون بنیی چې څنگه صنعت پراخ شو ، او څنگه
سوداگری ، ناوبری او د اورگاډی پټلی پراخه شوه

dans la même proportion que la bourgeoisie s'est
développée, elle a augmenté son capital

به همان نسبت که بورژوازی توسعه داد ، سرمایه خود را افزایش دادند

et la bourgeoisie a relégué à l'arrière-plan toutes les classes
héritées du Moyen Âge

و بورژوازی هر طبقه ای را که از قرون وسطی به ارث رسیده بود ، به
پس زمینه هل داد

c'est pourquoi la bourgeoisie moderne est elle-même le
produit d'un long développement

بنابراین بورژوازی مدرن خود محصول یک دوره طولانی توسعه است

On voit qu'il s'agit d'une série de révolutions dans les
modes de production et d'échange

ما می بینیم که این یک سلسله انقلابات در شیوه های تولید و مبادله است

Chaque étape du développement de la bourgeoisie
s'accompagnait d'une avancée politique correspondante

هر پرمختیایی بورژوازی گام د سیاسی پرمختگ سره مل و

Une classe opprimée sous l'emprise de la noblesse féodale

د فیودال اشرافیت تر نفوذ لاندې مظلوم طبقه

Une association armée et autonome dans la commune
médiévale

یک انجمن مسلح و خود مختار در کمون قرون وسطی

ici, une république urbaine indépendante (comme en Italie
et en Allemagne)

دلته ، یو خپلواک بنارى جمهوريت  )لکه په ایتالیا او جرمنی کی(

là, un « tiers état » imposable de la monarchie (comme en
France)

هلته ، د سلطنت د مالیاتو ور "دریمه دولته" "لکه په فرانسه(

par la suite, dans la période de fabrication proprement dite

وروسته، د تولید په وخت کی مناسب

- 7 -

la bourgeoisie servait soit la monarchie semi-féodale, soit la monarchie absolue

بورژوازی یا نیمه فیودالی یا مطلقه سلطنت خدمت کاوه

ou bien la bourgeoisie faisait contrepoids à la noblesse

یا بورژوازی د اشرافیانو په ور اندی د یو متقابل عمل په توگه عمل وکړ

et, en fait, la bourgeoisie était une pierre angulaire des grandes monarchies en général

او په حقیقت کی د بورژوازی په تولیز دول د سترو سلطنتونو د بنست ډبره وه

mais l'industrie moderne et le marché mondial se sont établis depuis lors

خو عصری صنعت او نړیوال بازار له هغه وخت راهیسی خپل ځان جوړ کړ

et la bourgeoisie s'est emparée de l'emprise politique exclusive

و بورژوازی برای خود حاکمیت سیاسی انحصاری را تسخیر کرده است

elle a obtenu cette influence politique à travers l'État représentatif moderne

این نفوذ سیاسی را از طریق نماینده دولت مدرن به دست آورد

Les exécutifs de l'État moderne ne sont qu'un comité de gestion

د مدرن دولت اجرائیوی چارواکی یوازی یوه مدیریتی کمیته ده

et ils gèrent les affaires communes de toute la bourgeoisie

او د ټول بورژوازی گډی چاری سمبالوی

La bourgeoisie, historiquement, a joué un rôle des plus révolutionnaires

بورژوازی ، از لحاظ تاریخی ، بسیار انقلابی نقش داشته است

Partout où elle a pris le dessus, elle a mis fin à toutes les relations féodales, patriarcales et idylliques

هر چیرته چی یی برتری ترلاسه کړه ، تولی فیودالی ، پدرسالارانه او بت لرونکي اریکي یی پای ته ورسولي

Elle a impitoyablement déchiré les liens féodaux hétéroclites qui liaient l'homme à ses « supérieurs naturels »

این بی رحمانه روابط مختلف فیودالی را که انسان را به "مافوقان طبیعی "خود پیوند می داد ، پاره کرده است

et il n'y a plus de lien entre l'homme et l'homme, si ce n'est l'intérêt personnel

و هیچ رابطه ای بین انسان و انسان باقی نمانده است ، به جز منافع شخصی برهنه

Les relations de l'homme entre eux ne sont plus qu'un « paiement en espèces » impitoyable

"روابط انسان با یکدیگر به چیزی بیش از بی رحمانه "پرداخت نقدی تبدیل نشده است

Elle a noyé les extases les plus célestes de la ferveur religieuse

دا د مذهبی جذبی تر ټولو آسمانی وجد غرق کړی دی

elle a noyé l'enthousiasme chevaleresque et le sentimentalisme philistin

این شور و شوق جوانمردانه و احساسات فلسفی را غرق کرده است

Il a noyé ces choses dans l'eau glacée du calcul égoïste

این چیزها را در آب یخ زده محاسبات خودخواهانه غرق کرده است

Il a transformé la valeur personnelle en valeur échangeable

دا شخصی ارزښت د تبادلي ور ارزښت ته حل کړی دی

elle a remplacé les innombrables et inaliénables libertés garanties par la Charte

این جایگزین بی شمار و غیر قابل دفاع منشور آزادی ها شده است

et il a mis en place une liberté unique et inadmissible ; Libre-échange

و یک آزادی واحد و بی وجدان را ایجاد کرده است.ازادی سوداگری

En un mot, il l'a fait pour l'exploitation

در یک کلمه ، این کار را برای استثمار انجام داده است

Une exploitation voilée par des illusions religieuses et politiques

استثمار د مذهبی او سیاسی توهماتو په وسیله پرده پورته کوی

l'exploitation voilée par une exploitation nue, éhontée, directe, brutale

استثمار پوشیده از برهنه، بی شرم، مستقیم، وحشیانه استثمار

la bourgeoisie a enlevé l'auréole de toutes les occupations jusque-là honorées et vénérées

بورژوازی هاله را از هر شغل محترم و محترم قبلی محروم کرده است

le médecin, l'avocat, le prêtre, le poète et l'homme de science

طبیب ، وکیل ، کشیش ، شاعر او د ساینس سری

Il a converti ces travailleurs distingués en ses travailleurs salariés

این کارگران ممتاز را به مزدوری مزدوران خود تبدیل کرده است

La bourgeoisie a déchiré le voile sentimental de la famille

بورژوازی پرده احساساتی را از خانواده جدا کرده است

et elle a réduit la relation familiale à une simple relation d'argent

او کورنۍ اړیکې یې یوازې د پیسو اړیکې ته راتړیتی کړی

la brutale démonstration de vigueur au Moyen Âge que les réactionnaires admirent tant

نمایش وحشیانه نیرو در قرون وسطی که ارتجاعی ها بسیار تحسین می کنند

Même cela a trouvé son complément approprié dans l'indolence la plus paresseuse

حتی دا هم په ډېرو سستی کې خپل مناسب بشپړتیا وموندله

La bourgeoisie a révélé comment tout cela s'est passé

بورژوازی فاش کرده است که چگونه این همه اتفاق افتاد

La bourgeoisie a été la première à montrer ce que l'activité de l'homme peut produire

بورژوازی اولین کسی بود که نشان داد که فعالیت انسان چه چیزی می تواند به ارمغان بیاورد

Il a accompli des merveilles surpassant de loin les pyramides égyptiennes, les aqueducs romains et les cathédrales gothiques

دا حیرانوونکی کارونه ترسره کړی دی چی د مصر د اهرامو، رومی قناتو، او گوتیک کلیساگانو څخه ډېر زیات دی

et il a mené des expéditions qui ont mis dans l'ombre tous les anciens Exodes des nations et les croisades

او هغه لښکرې ترسره کړی چی د ملتونو او صلیبی جگړو تولی پخوانی هجرت یی په سیوری کی اچولی دی

La bourgeoisie ne peut exister sans révolutionner sans cesse les instruments de production

بورژوازی بدون انقلابی مداوم در ابزار تولید نمی تواند وجود داشته باشد

et par conséquent elle ne peut exister sans ses rapports à la production

و به این ترتیب بدون ارتباط با تولید وجود ندارد

et donc elle ne peut exister sans ses relations avec la société

او له دي امله له تولني سره د اړيکو پرته نه شی کېداۍ

Toutes les classes industrielles antérieures avaient une condition en commun

ټولو پخوانیو صنعتی طبقو یو مشترک شرط درلود

Ils s'appuyaient sur la conservation des anciens modes de production

دوی د تولید د زرو بنو په ساتنه تکیه کوی

mais la bourgeoisie a apporté avec elle une dynamique tout à fait nouvelle

اما بورژوازی یک دینامیک کاملا جدید را با خود به ارمغان آورد

Révolution constante de la production et perturbation ininterrompue de toutes les conditions sociales

انقلاب مداوم در تولید و اختلال بی وقفه در تمام شرایط اجتماعی

cette incertitude et cette agitation perpétuelles distinguent l'époque bourgeoise de toutes les époques antérieures

دغه ابدی بی یقینی او تحریک، بورژوازی دوري له ټولو پخوانیو دورو څخه متمایز کوی

Les relations antérieures avec la production s'accompagnaient de préjugés et d'opinions anciens et vénérables

روابط قبلی با تولید با تعصبات و نظریات قدیمی و محترم همراه بود

Mais toutes ces relations figées et figées sont balayées d'un revers de main

اما همه این روابط ثابت و سریع منجمد شده از بین رفته اند

Toutes les relations nouvellement formées deviennent archaïques avant de pouvoir s'ossifier

ټولی نوی جوړي شوي اړیکي مخکي له دي چي متحجر شی زاړه کیږی

Tout ce qui est solide se fond dans l'air, et tout ce qui est saint est profané

هر څه چی جامد دی په هوا کی ویلی کیږی ، او هر هغه څه چی مقدس دی بی حرمتی کیږی

L'homme est enfin forcé de faire face, avec des sens sobres, à ses conditions réelles de vie

انسان بالاخره مجبور می شود با حواس هوشیار ، شرایط واقعی زندگی
خود روبرو شود

et il est obligé de faire face à ses relations avec les siens

او مجبور دی چی له خپل دول سره د خپلو اریکو سره مخامخ شی

La bourgeoisie a constamment besoin d'élargir ses marchés
pour ses produits

بورژوازی به طور مداوم نیاز دارد تا بازارهای خود را برای
محصولات خود گسترش دهد

et, à cause de cela, la bourgeoisie est poursuivie sur toute la
surface du globe

او له همدي امله بورژوازی د نری په ټوله سطحه تعقیب کیږی

La bourgeoisie doit se nicher partout, s'installer partout,
établir des liens partout

بورژوازی باید په هر ځای کی ځای پر ځای شی ، په هر ځای کی ځای
پر ځای شی ، په هر ځای کي اریکي ټینګي کړی

La bourgeoisie doit créer des marchés dans tous les coins du
monde pour exploiter

بورژوازی باید بازارها را در هر گوشه جهان ایجاد کند تا از آن بهره
برداری کند

La production et la consommation dans tous les pays ont
reçu un caractère cosmopolite

تولید و مصرف در هر کشور به یک ماهیت جهانی داده شده است

le chagrin des réactionnaires est palpable, mais il s'est
poursuivi malgré tout

غم ارتجاعی ها قابل لمس است ، اما بدون در نظر گرفتن ادامه دارد

La bourgeoisie a tiré de dessous les pieds de l'industrie le
terrain national sur lequel elle se trouvait

، بورژوازی از زیر پینو صنعت ، زمین ملی را که در آن ایستاده بود
بیرون کشیده است

Toutes les anciennes industries nationales ont été détruites,
ou sont détruites chaque jour

ټول پخوانی ملی صنایعو له منځه تللی دی ، یا هره ورځ له منځه ځی

Toutes les anciennes industries nationales sont délogées par
de nouvelles industries

ټول زاړه ملی صنایع د نویو صنایعو له خوا له منځه ځی

- 12 -

Leur introduction devient une question de vie ou de mort
pour toutes les nations civilisées

معرفی آنها به یک سوال مرگ و زندگی برای تمام ملت های متمدن
تبدیل می شود

Ils sont délogés par les industries qui ne travaillent plus la
matière première indigène

دوی د صنایعو لخوا بی ځایه کیږی چی نور د بومی خام موادو کار نه
کوی

Au lieu de cela, ces industries extraient des matières
premières des zones les plus reculées

په عوض کې، دا صنعتونه خام مواد له لری پرتو سیمو ځخه رااباسی

dont les produits sont consommés, non seulement chez
nous, mais dans tous les coins du monde

صنایع که محصولات آنها نه تنها در خانه بلکه در هر نقطه از جهان
مصرف می شود

À la place des anciens besoins, satisfaits par les productions
du pays, nous trouvons de nouveaux besoins

به جای خواسته های قدیمی ، که از تولیدات کشور راضی می شود ، ما
خواسته های جدیدی پیدا می کنیم

Ces nouveaux besoins exigent pour leur satisfaction les
produits des pays et des climats lointains

دا نوی غوښتنی د هغوی د ارضای لپاره د لری پرتو ځمکو او اقلیمی
محصولاتو ته ارتیا لری

À la place de l'ancien isolement et de l'autosuffisance locaux
et nationaux, nous avons le commerce

به جای انزوا و خودکفایی قدیمی محلی و ملی ، ما تجارت داریم

les échanges internationaux dans toutes les directions ;
l'interdépendance universelle des nations

تبادله بین المللی در هر جهت ؛ د ملتونو نړیوال متقابل وابستکی

Et de même que nous sommes dépendants des matériaux,
nous sommes dépendants de la production intellectuelle

و همانطور که ما به مواد وابسته هستیم ، ما نیز به تولید فکری وابسته
هستیم

Les créations intellectuelles des nations individuelles
deviennent la propriété commune

د انفرادی ملتونو فکری تخلیقات د مشترک ملکیت کرځی

L'unilatéralité nationale et l'étroitesse d'esprit deviennent de plus en plus impossibles

ملی یو ارخیزه توب او تنگ نظری ورځ تر بلې ناممکنه کیږی

et des nombreuses littératures nationales et locales, surgit une littérature mondiale

او د ګڼ شمېر ملی او محلی ادبیاتو څخه ، یو نړیوال ادبیات را پورته کیږی

par l'amélioration rapide de tous les instruments de production

د تولید د تولو وسایلو د چټک پرمختګ له لاری

par les moyens de communication immensément facilités

د اړیکو د بی ساری اسانتیاوو له لاری

La bourgeoisie entraîne tout le monde (même les nations les plus barbares) dans la civilisation

بورژوازی همه (حتی وحشی ترین ملت ها )را به تمدن می کشاند

Les prix bon marché de ses marchandises ; l'artillerie lourde qui abat toutes les murailles chinoises

د هغه د اجناسو ارزانه بیه ؛ دروند توپخانی چی د چین د ټول دیوالونه وران کوی

La haine obstinée des barbares contre les étrangers est forcée de capituler

نفرت شدید وحشی ها از خارجیان مجبور به تسلیم شدن می شود

Elle oblige toutes les nations, sous peine d'extinction, à adopter le mode de production bourgeois

این امر تمام ملت ها را مجبور می کند تا شیوه تولید بورژوازی را اتخاذ کنند

elle les oblige à introduire ce qu'elle appelle la civilisation en leur sein

دا هغوی دی ته ار کوی چی هغه څه چی تمدن بولی د دوی په منځ کی معرفی کړی

La bourgeoisie force les barbares à devenir eux-mêmes bourgeois

بورژوازی بربریان دی ته ار باسی چی خپله بورژوازی شی

en un mot, la bourgeoisie crée un monde à son image

در یک کلام، بورژوازی جهان را پس از تصویر خود خلق می کند

La bourgeoisie a soumis les campagnes à la domination des villes

بورژوازی روستاها را تحت حاکمیت شهرها قرار داده است

Il a créé d'énormes villes et considérablement augmenté la population urbaine

دا لوی ښارونه جوړ کړی او د ښاری نفوس یی ډیر زیات کړی دی

Il a sauvé une partie considérable de la population de l'idiotie de la vie rurale

دی د خلکو یوه مهمه برخه د کلیوالی ژوند له حماقت څخه وژغورله

mais elle a rendu les ruraux dépendants des villes

خو د کلیوالو سیمو خلک یی په ښارونو پوری تړلی کړی دی

et de même, elle a rendu les pays barbares dépendants des pays civilisés

و به همین ترتیب ، کشورهای بربر را وابسته به کشورهای متمدن کرده است

nations paysannes sur nations bourgeoises, l'Orient sur Occident

ملت دهقانان بر ملت های بورژوازی ، شرق در غرب

La bourgeoisie se débarrasse de plus en plus de l'éparpillement de la population

بورژوازی بیش از پیش دولت پراکنده مردم را از بین می برد

Il a une production agglomérée et a concentré la propriété entre quelques mains

این تولید را جمع آوری کرده است ، و دارایی را در چند دست متمرکز کرده است

La conséquence nécessaire de cela a été la centralisation politique

نتیجه ضروری این امر تمرکز سیاسی بود

Il y avait eu des nations indépendantes et des provinces vaguement reliées entre elles

خپلواکه ملتونه او په پراخه کچه سره تړلی ولایتونه وو

Ils avaient des intérêts, des lois, des gouvernements et des systèmes d'imposition distincts

دوی جلا ګتی ، قوانین ، حکومتونه او د مالیاتو سیستمونه درلودل

Mais ils ont été regroupés en une seule nation, avec un seul gouvernement

اما آنها در یک ملت ، با یک دولت جمع شده اند

Ils ont maintenant un intérêt de classe national, une
frontière et un tarif douanier

آنها اکنون دارای یک منافع طبقاتی ملی ، یک سرحد و یک تعرفه
گمرکی هستند

Et cet intérêt de classe national est unifié sous un seul code
de loi

و این منافع طبقاتی ملی تحت یک قانون متحد شده است

la bourgeoisie a accompli beaucoup de choses au cours de
son règne d'à peine cent ans

بورژوازی در طول صد سال حاکمیت خود دستاوردهای زیادی داشته
است

forces productives plus massives et plus colossales que
toutes les générations précédentes réunies

د پخوانيو نسلونو په پرتله ډير عظيم او عظيم توليدي ځواکونه

Les forces de la nature sont soumises à la volonté de
l'homme et de ses machines

نیروهای طبیعت تابع اراده انسان و ماشین او هستند

La chimie s'applique à toutes les formes d'industrie et à tous
les types d'agriculture

کيميا د صنعت په ټولو ډولونو او د زراعت په ډولونو کې کارول کيږی

la navigation à vapeur, les chemins de fer, les télégraphes
électriques et l'imprimerie

د بخار لاربنوونه، د اورګاډی پټلی، برقی تلگراف، او د چاپ مطبعه

défrichement de continents entiers pour la culture,
canalisation des rivières

د کرنی لپاره د ټولو لويو وچو پاکول ، د سيندونو کانال کول

Des populations entières ont été extirpées du sol et mises au
travail

ټول نفوس له ځمکی څخه راويستل شوی او په کار اچول شوی دی

Quel siècle précédent avait ne serait-ce qu'un pressentiment
de ce qui pourrait être déchaîné ?

کدام قرن اول حتی یک پیش بینی داشت که چه چیزی می توانست آزاد
شود؟

Qui aurait prédit que de telles forces productives
sommeillaient dans le giron du travail social ?

چه کسی پیش بینی کرده بود که چنین نیروهای تولیدی در دامن کار اجتماعی خوابیده می شوند ؟

Nous voyons donc que les moyens de production et d'échange ont été générés dans la société féodale

پس می بینیم که وسایل تولید و مبادله در جامعه فیودالی تولید شده است

les moyens de production sur la base desquels la bourgeoisie s'est construite

وسیله تولید که بورژوازی خود را بر اساس آن بنا نهاد

À un certain stade du développement de ces moyens de production et d'échange

د تولید او تبادلی د دې وسایلو د پراختیا په یوه ټاکلی پړاو کی

les conditions dans lesquelles la société féodale produisait et échangeait

شرایط که تحت آن جامعه فیودالی تولید و مبادله می شود

L'organisation féodale de l'agriculture et de l'industrie manufacturière

د زراعت او تولیدی صنعت فیودالی سازمان

Les rapports féodaux de propriété n'étaient plus compatibles avec les conditions matérielles

د ملکیت فیودالی اړیکی نور د مادی شرایطو سره سمون نه خوری

Ils devaient être brisés, alors ils ont été brisés

دوی باید توتی توتی شوی وای ، نو توتی توتی شول

À leur place s'est ajoutée la libre concurrence des forces productives

د هغوی پر ځای د تولیدی ځواکونو څخه آزاده رقابت گام واخیست

et ils étaient accompagnés d'une constitution sociale et politique adaptée à celle-ci

او له دوی سره یو تولنیز او سیاسی اساسی قانون هم ورسره مل و چی له هغه سره تطابق درلود

et elle s'accompagnait de l'emprise économique et politique de la classe bourgeoise

و با نفوذ اقتصادی و سیاسی طبقه بورژوازی همراه بود

Un mouvement similaire est en train de se produire sous nos yeux

یو ورته حرکت زموږ د سترگو په وړاندي روان دی

La société bourgeoise moderne avec ses rapports de production, d'échange et de propriété

جامعه بورژوازی مدرن با روابط تولید، مبادله و مالکیت

une société qui a inventé des moyens de production et d'échange aussi gigantesques

جامعه ای که چنین وسیله های عظیم تولید و مبادله را به وجود آورده است

C'est comme le sorcier qui a invoqué les puissances de l'au-delà

دا د هغه جادوگر په خبر دی چی د لاندی نړی قوتونه یی راوغوښتل

Mais il n'est plus capable de contrôler ce qu'il a mis au monde

خو هغه نور نه شی کولای هغه څه کنترول کړی چی نړی ته یی راوړی دی۔

Pendant de nombreuses décennies, l'histoire a été liée par un fil conducteur

برای چندین دهه تاریخ گذشته با یک تار مشترک پیوند خورده بود

L'histoire de l'industrie et du commerce n'a été que l'histoire des révoltes

د صنعت او سوداگری تاریخ د بغاوتونو تاریخ دی

Les révoltes des forces productives modernes contre les conditions modernes de production

د تولید د عصری شرایطو په وراندی د عصری تولیدی خواکونو بغاوتونه

Les révoltes des forces productives modernes contre les rapports de propriété

شورش نیروهای تولیدی مدرن علیه روابط مالکیت

ces rapports de propriété sont les conditions de l'existence de la bourgeoisie

این روابط مالکیت شرایط وجود بورژوازی است

et l'existence de la bourgeoisie détermine les règles des rapports de propriété

و وجود بورژوازی قواعد روابط مالکیت را تعیین می کند

Il suffit de mentionner le retour périodique des crises commerciales

کافی است که به بازگشت دوره ای بحران های تجاری اشاره کنیم

chaque crise commerciale est plus menaçante pour la société
bourgeoise que la précédente

هر سوداګريز بحران د بورژوازۍ ټولنې ته تر پخوا زيات ګواښ دى

Dans ces crises, une grande partie des produits existants sont
détruits

په دې بحرانونو کې د موجوده توليداتو يوه لويه برخه له منځه ځي

Mais ces crises détruisent aussi les forces productives créées
précédemment

اما اين بحران ها نيروهاى توليدى قبلى را نيز از بين مى برد

Dans toutes les époques antérieures, ces épidémies auraient
semblé une absurdité

په ټولو پخوانيو دورو کې دا اپيدمى به يو پوچ بنکاره شوى وى

parce que ces épidémies sont les crises commerciales de la
surproduction

ځکه دغه اپيدمى د زيات توليد تجارتي بحرانونه دى۔

La société se trouve soudain remise dans un état de barbarie
momentanée

ټولنه ناڅاپه خپل ځان بېرته د لحظاتى بربريت په حالت کې ومومى

comme si une guerre universelle de dévastation avait coupé
tous les moyens de subsistance

ګويى يک جنګ جهانى ويجارانى تمام وسايل معيشت را قطع کرده است

l'industrie et le commerce semblent avoir été détruits ; Et
pourquoi ?

داسې بنکارى چې صنعت او سوداګرى له منځه تللى دى۔او ولې؟

Parce qu'il y a trop de civilisation et de moyens de
subsistance

د افغانستان د کرکټ ملى لوبډله د افغانستان د کرکټ ملى لوبډلى ته د
افغانستان د کرکټ ملى لوبډلى ته د پام وړ زياتوالى ورکوى۔

et parce qu'il y a trop d'industrie et trop de commerce

او له دې امله چې صنعت ډېر دى ، او سوداګرى ډېره ده

Les forces productives à la disposition de la société ne
développent plus la propriété bourgeoise

نيروهاى توليدى که در اختيار جامعه هستند ، ديګر مالکيت بورژوازى
را توسعه نمى دهند

au contraire, ils sont devenus trop puissants pour ces
conditions, par lesquelles ils sont enchaînés

برعکس ، هغوی د دې شرایطو له پاره ډېر خواکمن شوی دی ، چې په
هغه کې ترل شوی دی

dès qu'ils surmontent ces entraves, ils mettent le désordre
dans toute la société bourgeoise

به محض اینکه بر این زنجیرها غلبه کنند ، در تمام جامعه بورژوازی
بی نظمی ایجاد می کنند

et les forces productives mettent en danger l'existence de la
propriété bourgeoise

و نیروهای تولیدی موجودیت مالکیت بورژوازی را به خطر می اندازند

Les conditions de la société bourgeoise sont trop étroites
pour englober les richesses qu'elles créent

شرایط جامعه بورژوازی آنقدر تنگ است که نمی تواند ثروت ایجاد شده
توسط آنها را در بر بگیرد

Et comment la bourgeoisie surmonte-t-elle ces crises ?

و بورژوازی چگونه می تواند بر این بحران ها غلبه کند ؟

D'une part, elle surmonte ces crises par la destruction forcée
d'une masse de forces productives

از یک طرف ، این بحران ها را با نابودی اجباری توده ای از نیروهای
تولیدی غلبه می کند

D'autre part, elle surmonte ces crises par la conquête de
nouveaux marchés

از سوی دیگر ، با تسخیر بازارهای جدید ، بر این بحران ها غلبه می کند

et elle surmonte ces crises par l'exploitation plus poussée
des anciennes forces productives

و با بهره برداری کامل از نیروهای تولیدی قدیمی ، بر این بحران ها
غلبه می کند

C'est-à-dire en ouvrant la voie à des crises plus étendues et
plus destructrices

به عبارت دیگر ، با هموار کردن راه برای بحران های گسترده تر و
مخرب تر

elle surmonte la crise en diminuant les moyens de
prévention des crises

این بحران را با کاهش وسایل جلوگیری از بحران ها غلبه می کند

Les armes avec lesquelles la bourgeoisie a abattu le
féodalisme sont maintenant retournées contre elle-même

سلاح هایی که بورژوازی با آن فئوداليسم را به زمين انداخت ، اکنون علیه خود چرخانده شده است

Mais non seulement la bourgeoisie a-t-elle forgé les armes qui lui apportent la mort

اما نه تنها بورژوازی سلاح هایی را ساخته است که مرگ را به ارمغان می آورد

Il a également appelé à l'existence les hommes qui doivent manier ces armes

دا هم هغه کسان را بلل شوی چی باید دا وسلی په کار واچوی

Et ces hommes sont la classe ouvrière moderne ; Ce sont les prolétaires

و این افراد طبقه کارگر مدرن هستند.آنها پرولتاریا هستند

À mesure que la bourgeoisie se développe, le prolétariat se développe dans la même proportion

به همان نسبت که بورژوازی توسعه می یابد ، پرولتاریا به همان نسبت رشد می کند

La classe ouvrière moderne a développé une classe d'ouvriers

مدرن کارگر طبقه ای از کارگران را توسعه داد

Cette classe d'ouvriers ne vit que tant qu'elle trouve du travail

دا طبقه کارگران یوازې تر هغه وخته ژوند کوی چی کار پیدا کړی

et ils ne trouvent de travail qu'aussi longtemps que leur travail augmente le capital

او دوی یوازې تر هغه وخته کار پیدا کوی چی د دوی کار سرمایه زیاته کړی

Ces ouvriers, qui doivent se vendre à la pièce, sont une marchandise

این کارگران ، که باید خود را به صورت تکه تکه بفروشند ، یک کالا هستند

Ces ouvriers sont comme tous les autres articles de commerce

دا کارگران د سوداگری د نورو توکو په څېر دی

et, par conséquent, ils sont exposés à toutes les vicissitudes de la concurrence

و در نتیجه آنها در معرض تمام فراز و نشیب های رقابت قرار می گیرند

Ils doivent faire face à toutes les fluctuations du marché

دوی باید د بازار د تولو نوساناتو سره مقابله وکړی

En raison de l'utilisation intensive des machines et de la division du travail

د ماشینونو د پراخ استعمال او د کار ویش له امله

Le travail des prolétaires a perdu tout caractère individuel

کار پرولتاریا تمام خصلت فردی را از دست داده است

et, par conséquent, le travail des prolétaires a perdu tout charme pour l'ouvrier

و در نتیجه ، کار پرولتاریا برای کارگر جذابیت خود را از دست داده است

Il devient un appendice de la machine, plutôt que l'homme qu'il était autrefois

هغه د ماشین ضمیمه جوړیږی، نه هغه سړی چی یو وخت و

On n'exige de lui que l'habileté la plus simple, la plus monotone et la plus facile à acquérir

یوازې تر تولو ساده ، یکنواخت ، او تر تولو په اسانی سره ترلاسه شوی مهارت له هغه څخه اړین دی

Par conséquent, le coût de production d'un ouvrier est limité

له دې امله د یو کارګر د تولید لګښت محدود دی

elle se limite presque entièrement aux moyens de subsistance dont il a besoin pour son entretien

دا تقریباً په بشپړه توګه د معیشت په وسایلو پورې محدود دی چی هغه د خپل نفقی لپاره ورته اړتیا لری

et elle est limitée aux moyens de subsistance dont il a besoin pour la propagation de sa race

او دا یوازې په هغو وسایلو پورې محدود دی چی هغه د خپل نژاد د ترویج لپاره ورته اړتیا لری

Mais le prix d'une marchandise, et par conséquent aussi du travail, est égal à son coût de production

اما قیمت یک کالا ، و در نتیجه قیمت کار ، برابر با هزینه تولید آن است

C'est pourquoi, à mesure que le travail répugnant augmente, le salaire diminue

بنابراین ، به تناسب ، هرچه نفرت از کار افزایش می یابد ، دستمزد کاهش می یابد

Bien plus, le caractère répugnant de son travail augmente à un rythme encore plus grand

نه ، د هغه د کار کرکه حتی په زیاته کچه زیاتیږی

À mesure que l'utilisation des machines et la division du travail augmentent, le fardeau du labeur augmente également

هر څومره چې د ماشینونو کارول او د کار ویش زیاتیږی ، د زحمت بار هم زیاتیږی

La charge de travail est augmentée par la prolongation du temps de travail

د کار د ساعتونو په اوږدولو سره د زحمت بار زیاتیږی

On attend plus de l'ouvrier dans le même temps qu'auparavant

د پخوا په څیر له کارګر څخه ډیر تمه کیږی

Et bien sûr, le poids du labeur est augmenté par la vitesse de la machine

و البته بار زحمت با سرعت ماشین افزایش می یابد

L'industrie moderne a transformé le petit atelier du maître patriarcal en la grande usine du capitaliste industriel

عصری صنعت د پدرسالار استاد کوچنی ورکشاپ د صنعتی سرمایه دار په سترہ فابریکه بدل کړی دی

Des masses d'ouvriers, entassés dans l'usine, s'organisent comme des soldats

توده کارگران ، که در کارخانه جمع شده اند ، مانند سربازان سازماندهی شده اند

En tant que simples soldats de l'armée industrielle, ils sont placés sous le commandement d'une hiérarchie parfaite d'officiers et de sergents

د صنعتی پوځ د سرتبرو په توګه دوی د افسرانو او بریدملانو د بشپړ سلسله مراتب تر قوماندي لاندي قرار لری

ils ne sont pas seulement les esclaves de la classe bourgeoise et de l'État

آنها نه تنها غلامان طبقه بورژوازی و دولت هستند

Mais ils sont aussi asservis quotidiennement et d'heure en heure par la machine

مګر دوی هم هره ورځ او هر ساعت د ماشین غلامان دی

ils sont asservis par le surveillant, et surtout par le fabricant bourgeois lui-même

هغوی د ناظر او تر ټولو مهم د بورژوازی جوړوونکی له خوا غلامان دی

Plus ce despotisme proclame ouvertement que le gain est sa fin et son but, plus il est mesquin, plus haïssable et plus aigri

هر چه این استبداد آشکارا منافع را هدف و هدف خود اعلام کند ، به همان اندازه کوچک تر ، نفرت انگیز تر و تلخ تر است

Plus l'industrie moderne se développe, moins les différences entre les sexes sont grandes

هر څومره چی عصری صنعت پرمختللی وی، د جنسیت تر منځ توپیرونه کمه کیری

Moins le travail manuel exige d'habileté et d'effort de force, plus le travail des hommes est supplanté par celui des femmes

هر څومره چی په لاسی کار کی مهارت او څواک کم وی ، په هماغه اندازه د نارینه وو کار د ښځو پر ځای کیږی

Les différences d'âge et de sexe n'ont plus de validité sociale distincte pour la classe ouvrière

تفاوت های سن و جنس دیگر برای طبقه کارگر هیچ اعتبار اجتماعی متمایز ندارد

Tous sont des instruments de travail, plus ou moins coûteux à utiliser, selon leur âge et leur sexe

ټول د کار وسایل دی ، چی د هغوی د عمر او جنس له مخی کارول کم و بیش لګښت لری

dès que l'ouvrier reçoit son salaire en espèces, il est attaqué par les autres parties de la bourgeoisie

کله چی کارگر خپل مزدوری په نغدو پیسو ترلاسه کوی ، نو د بورژوازی نورو برخو پری ګنل کیږی

le propriétaire, le commerçant, le prêteur sur gages, etc

مالک خانه ، دکاندار ، گرو دلال ، و غیره

Les couches inférieures de la classe moyenne ; les petits commerçants et les commerçants

د منځنی طبقی تيتی طبقی ؛ په دي وروستيو کي د افغانستان په سهيل کي
د طالبانو د رژيم له مخي د طالبانو د رژيم له مخي د طالبانو د رژيم له
امله د دي هيواد د

les commerçants retraités en général, et les artisans et les
paysans

متقاعد سوداگر په عمومی توگه ، او لاسی صنعتکاران او دهقانان

tout cela s'enfonce peu à peu dans le prolétariat

دا ټول ورو ورو په پرولتاريا کي ډوب کيږی

en partie parce que leur petit capital ne suffit pas à l'échelle
sur laquelle l'industrie moderne est exercée

بخشی از آن به این دلیل که سرمایه کوچک آنها برای مقیاس صنعت
مدرن کافی نیست

et parce qu'elle est submergée par la concurrence avec les
grands capitalistes

او له دي امله چي د سترو پانگوالو سره په سيالی کي غرق دی۔

en partie parce que leur savoir-faire spécialisé est rendu sans
valeur par les nouvelles méthodes de production

بخشی از آن به این دلیل که مهارت های تخصصی آنها توسط روش های
جدید تولید بی ارزش شده است

Ainsi le prolétariat se recrute dans toutes les classes de la
population

به این ترتیب پرولتاریا از تمام طبقات جمعیت جذب می شود

Le prolétariat passe par différents stades de développement

پرولتاریا از مراحل مختلف رشد می گذرد

Avec sa naissance commence sa lutte contre la bourgeoisie

با تولد آن مبارزه با بورژوازی آغاز می شود

Dans un premier temps, la lutte est menée par des ouvriers
individuels

په لومړی سر کي سيالی د انفرادی کارگرانو له خوا پر مخ وړل کيږی

Ensuite, le concours est mené par les ouvriers d'une usine

بيا سيالی د يوې فابريکي د کارگرانو له خوا پر مخ وړل کيږی

Ensuite, la lutte est menée par les agents d'un métier, dans
une localité

بيا سيالی د يوې سوداگری د کارکوونکو له خوا په يوه سيمه کي پر مخ
وړل کيږی

et la lutte est alors contre la bourgeoisie individuelle qui les exploite directement

و پس از آن رقابت در برابر بورژوازی است که مستقیما از آنها استثمار می کند

Ils ne dirigent pas leurs attaques contre les conditions de production de la bourgeoisie

آنها حملات خود را علیه شرایط تولید بورژوازی هدایت نمی کنند

mais ils dirigent leur attaque contre les instruments de production eux-mêmes

اما آنها حمله خود را علیه وسایل تولید هدایت می کنند

Ils détruisent les marchandises importées qui font concurrence à leur main-d'œuvre

دوی وارداتی توکی له منځه وړی چی د دوی د کار سره سیالی کوی

Ils brisent les machines et mettent le feu aux usines

هغوی ماشینونه توتی توتی کوی او فابریکی ته یی اور اچوی۔

ils cherchent à restaurer par la force le statut disparu de l'ouvrier du Moyen Âge

دوی هڅه کوی چی په زور د منځنیو پیریو د کارگر له منځه تللی حیثیت بیرته اعاده کړی

À ce stade, les ouvriers forment encore une masse incohérente dispersée dans tout le pays

په دی پړاو کی کارگران اوس هم یوه نامنسجم ډله جوړوی چی په تول هېواد کی خواره واره دی

et ils sont brisés par leur concurrence mutuelle

او دوی د خپل د متقابل رقابت له امله مات شوی دی

S'ils s'unissent quelque part pour former des corps plus compacts, ce n'est pas encore la conséquence de leur propre union active

، اگر آنها در هر جایی متحد شوند تا نهادهای فشرده تری را تشکیل دهند این هنوز نتیجه اتحاد فعال آنها نیست

mais c'est une conséquence de l'union de la bourgeoisie, d'atteindre ses propres fins politiques

اما این نتیجه اتحاد بورژوازی است ، تا اهداف سیاسی خود را بدست آورد

la bourgeoisie est obligée de mettre en mouvement tout le prolétariat

بورژوازی مجبور است که تمام پرولتاریا را به حرکت درآورد

et d'ailleurs, pour un temps, la bourgeoisie est capable de le faire

علاوه بر این ، بورژوازی برای مدتی قادر به انجام این کار است

À ce stade, les prolétaires ne combattent donc pas leurs ennemis

بنابراین ، در این مرحله ، پرولتاریا با دشمنان خود نمی جنگد

mais au lieu de cela, ils combattent les ennemis de leurs ennemis

خو په عوض کی دوی د خپلو دښمنانو سره جګړه کوی۔

La lutte contre les vestiges de la monarchie absolue et les propriétaires terriens

د مطلقه سلطنت د پاتی شونو او د زمیندارانو په ورانډی مبارزه

ils combattent la bourgeoisie non industrielle ; la petite bourgeoisie

آنها با بورژوازی غیر صنعتی مبارزه می کنندکوچنی بورژوازی

Ainsi tout le mouvement historique est concentré entre les mains de la bourgeoisie

به این ترتیب تمام جنبش تاریخی در دست بورژوازی متمرکز شده است

chaque victoire ainsi obtenue est une victoire pour la bourgeoisie

هر پیروزی چی په دی ډول ترلاسه کیږی ، د بورژوازی لپاره یو بریالیتوب دی

Mais avec le développement de l'industrie, le prolétariat ne se contente pas d'augmenter en nombre

اما با پیشرفت صنعت ، نه تنها تعداد پرولتاریا افزایش می یابد

le prolétariat se concentre en masses plus grandes et sa force s'accroît

پرولتاریا در توده های بیشتر متمرکز می شود و قدرت آن افزایش می یابد

et le prolétariat ressent de plus en plus cette force

و پرولتاریا این قدرت را بیشتر و بیشتر احساس می کند

Les divers intérêts et conditions de vie dans les rangs du prolétariat sont de plus en plus égalisés

منافع و شرایط مختلف زندگی در صفوف پرولتاریا بیشتر و بیشتر برابر می شوند

elles deviennent plus proportionnelles à mesure que les
machines effacent toutes les distinctions de travail

آنها نسبت بیشتری پیدا می کنند همانطور که ماشین تمام تمایزات کار را
از بین می برد

et les machines réduisent presque partout les salaires au
même bas niveau

و ماشین آلات تقریبا در همه جا معاشات را به همان سطح پایین کاهش
می دهند

La concurrence croissante entre la bourgeoisie et les crises
commerciales qui en résultent rendent les salaires des
ouvriers de plus en plus fluctuants

، رقابت فزاینده بین بورژوازی و بحران های تجاری ناشی از آن
دستمزد کارگران را بیش از پیش نوسان می کند

L'amélioration incessante des machines, qui se développe de
plus en plus rapidement, rend leurs moyens d'existence de
plus en plus précaires

د ماشینونو بی وقفه پرمختگ ، چی په چټکی سره پرمختگ کوی ، د
هغوی معیشت ورځ تر بلی خطرناکه کوی

les collisions entre les ouvriers individuels et la bourgeoisie
individuelle prennent de plus en plus le caractère de
collisions entre deux classes

تصادم بین کارگران منفرد و بورژوازی فردی بیش از پیش خصلت
تصادم بین دو طبقه را به خود می گیرد

Là-dessus, les ouvriers commencent à former des
associations (syndicats) contre la bourgeoisie

پس از آن کارگران شروع به تشکیل ترکیبی  )اتحادیه های کارگری (
علیه بورژوازی می کنند

Ils s'associent pour maintenir le taux des salaires

دوی سره یوځای کبان کوی تر څو د معاشونو نرخ لور وساتی

Ils fondèrent des associations permanentes afin de pourvoir
à l'avance à ces révoltes occasionnelles

هغوی دایمی اتحادیبی پیدا کری تر څو د دی گاه بلی پاڅون لپاره له
مخکي ځخه چمتو کری

Ici et là, la lutte éclate en émeutes

دلته او هلته سیالی په بلواگرو بدله کیږی

De temps en temps, les ouvriers sont victorieux, mais
seulement pour un temps

گاهی اوقات کارگران پیروز می شوند ، اما فقط برای مدتی

Le vrai fruit de leurs luttes n'est pas dans le résultat
immédiat, mais dans l'union toujours plus grande des
travailleurs

ثمره واقعی مبارزات آنها نه در نتیجه فوری ، بلکه در اتحادیه هر روز
در حال گسترش کارگران است

Cette union est favorisée par les moyens de communication
améliorés créés par l'industrie moderne

دا اتحادیه د اریکو د پرمختللو وسایلو لخوا مرسته کیږی چی د عصری
صنعت لخوا ایجاد شوی دی

La communication moderne met en contact les travailleurs
de différentes localités les uns avec les autres

عصری اریکی د مختلفو سیمو کارگران له یو بل سره په تماس کی اچوی

C'était précisément ce contact qui était nécessaire pour
centraliser les nombreuses luttes locales en une lutte
nationale entre les classes

دا یوازی همدغه اریکه وه چی د طبقاتو تر منخ د بی شمیره محلی
مبارزو په یوه ملی مبارزه کی متمرکز شی

Toutes ces luttes sont du même caractère, et toute lutte de
classe est une lutte politique

همه این مبارزات دارای یک خصلت هستند ، و هر مبارزه طبقاتی یک
مبارزه سیاسی است

les bourgeois du moyen âge, avec leurs misérables routes,
mettaient des siècles à former leurs syndicats

د منځنیو پیړیو برګر ، د خپلو بدمرغه لویو لارو سره ، د خپلو اتحادیو د
جوړولو لپاره پیړیو ته اړتیا درلوده

Les prolétaires modernes, grâce aux chemins de fer, réalisent
leurs syndicats en quelques années

پرولتاریا مدرن ، به لطف راه آهن ، در عرض چند سال به اتحادیه های
خود دست می یابند

Cette organisation des prolétaires en classe les a donc formés
en parti politique

در نتیجه این سازمان پرولتاریا در یک طبقه ، آنها را به یک حزب
سیاسی شکل داد

La classe politique est continuellement bouleversée par la concurrence entre les travailleurs eux-mêmes

طبقه سیاسی به طور مداوم از رقابت بین خود کارگران ناراحت می شود

Mais la classe politique continue de se soulever, plus forte, plus ferme, plus puissante

اما طبقه سیاسی دوباره به قیام ادامه می دهد ، قوی تر ، محکم تر ، قوی تر

Elle oblige la législation à reconnaître les intérêts particuliers des travailleurs

این قانون قانون را مجبور می کند که منافع خاص کارگران را به رسمیت بشناسد

il le fait en profitant des divisions au sein de la bourgeoisie elle-même

دا کار په خپله د بورژوازی تر منځ د اختلافاتو څخه په ګټی اخیستنی سره کوی

C'est ainsi qu'en Angleterre fut promulguée la loi sur les dix heures

په دی توګه په انګلستان کی د لسو ساعتونو لایحه قانون ته وړاندی شوه

à bien des égards, les collisions entre les classes de l'ancienne société sont en outre le cours du développement du prolétariat

از بسیاری جهات تصادم بین طبقات جامعه قدیم ، مسیر پیشرفت پرولتاریا است

La bourgeoisie se trouve engagée dans une bataille de tous les instants

بورژوازی خود را در یک جنگ دائمی می بیند

Dans un premier temps, il se trouvera impliqué dans une bataille constante avec l'aristocratie

په لومړی سر کی به دا ځان د اشراف سره په دوامداره جګړه کی بنکیل ومومی

plus tard, elle se trouvera engagée dans une lutte constante avec ces parties de la bourgeoisie elle-même

بعدا خود را درگیر یک نبرد دائمی با آن بخش های بورژوازی خواهد یافت

et leurs intérêts seront devenus antagonistes au progrès de l'industrie

او د هغوی ګټې به د صنعت د پرمختګ سره متضاد شوی وی

à tout moment, leurs intérêts seront devenus antagonistes
avec la bourgeoisie des pays étrangers

در هر زمان ، منافع آنها با بورژوازی کشورهای خارجی متضاد خواهد
شد

Dans toutes ces batailles, elle se voit obligée de faire appel
au prolétariat et lui demande son aide

در تمام این نبردها خود را مجبور می بیند که از پرولتاریا متوسل شود و
از او کمک بخواهد

Et ainsi, il se sentira obligé de l'entraîner dans l'arène
politique

و به این ترتیب ، مجبور خواهد بود که آن را به عرصه سیاسی بکشاند

C'est pourquoi la bourgeoisie elle-même fournit au
prolétariat ses propres instruments d'éducation politique et
générale

بنابراین بورژوازی خود پرولتاریا را با وسایل سیاسی و عمومی آموزش
و پرورش فراهم می کند

c'est-à-dire qu'il fournit au prolétariat des armes pour
combattre la bourgeoisie

به عبارت دیگر ، پرولتاریا را با سلاح هایی برای مبارزه با بورژوازی
فراهم می کند

De plus, comme nous l'avons déjà vu, des sections entières
des classes dominantes sont précipitées dans le prolétariat

علاوه بر این ، همانطور که قبلا دیدیم ، تمام بخش های طبقات حاکم به
پرولتاریا وارد می شوند

le progrès de l'industrie les aspire dans le prolétariat

پیشرفت صنعت آنها را به پرولتاریا می کشاند

ou, du moins, ils sont menacés dans leurs conditions
d'existence

یا لږ تر لږه د خپل ژوند په شرایطو کې له ګواښ سره مخ دی

Ceux-ci fournissent également au prolétariat de nouveaux
éléments d'illumination et de progrès

اینها همچنین پرولتاریا را با عناصر تازه روشنفکری و پیشرفت فراهم
می کند

Enfin, à l'approche de l'heure décisive de la lutte des classes

بالاخره ، در زمان هایی که مبارزه طبقاتی به ساعت تعیین کننده نزدیک می شود

le processus de dissolution en cours au sein de la classe dirigeante

د حاکمي طبقي په دننه کي د انحلال پروسه روانه ده

En fait, la dissolution en cours au sein de la classe dirigeante se fera sentir dans toute la société

در حقیقت ، انحلال در داخل طبقه حاکم در تمام طیف جامعه احساس خواهد شد

Il prendra un caractère si violent et si flagrant qu'une petite partie de la classe dirigeante se laissera aller à la dérive

این چنان خشونت آمیز و آشکار به خود خواهد گرفت ، که یک بخش کوچک از طبقه حاکم خود را سرگردان می کند

et que la classe dirigeante rejoindra la classe révolutionnaire

او حاکمه طبقه به د انقلابی طبقي سره یو ځای شی۔

La classe révolutionnaire étant la classe qui tient l'avenir entre ses mains

انقلابی طبقه طبقه ای است که آینده را در دست دارد

Comme à une époque antérieure, une partie de la noblesse passa dans la bourgeoisie

لکه د پخوانی دوري په څېر ، د اشرافیانو یوه برخه بورژوازی ته ورسېده

de la même manière qu'une partie de la bourgeoisie passera au prolétariat

همداسي به د بورژوازی یوه برخه پرولتاریا ته ورشی۔

en particulier, une partie de la bourgeoisie passera à une partie des idéologues de la bourgeoisie

به ویژه ، بخشی از بورژوازی به بخشی از ایدئولوژیست های بورژوازی می رسد

Des idéologues bourgeois qui se sont élevés au niveau de la compréhension théorique du mouvement historique dans son ensemble

بورژوازی ایدئولوژیست ها که خود را به سطح درک نظری جنبش تاریخی به عنوان یک کل ارتقا داده اند

De toutes les classes qui se trouvent aujourd'hui en face de
la bourgeoisie, seule le prolétariat est une classe vraiment
révolutionnaire

از میان تمام طبقاتی که امروز با بورژوازی رو در رو ایستاده اند ، تنها
پرولتاریا واقعا یک طبقه انقلابی است

Les autres classes se dégradent et finissent par disparaître
devant l'industrie moderne

نور طبقي زوال کوی او بالاخره د عصری صنعت په وراندي له منځه
ځی

le prolétariat est son produit spécial et essentiel

پرولتاریا محصول خاص و اساسی آن است

La petite bourgeoisie, le petit industriel, le commerçant,
l'artisan, le paysan

طبقه متوسط پایین ، کوچک تولید کننده ، دکاندار ، صنعتګر ، دهقان

toutes ces luttes contre la bourgeoisie

دا ټول د بورژوازی په وراندي مبارزه کوی۔

Ils se battent en tant que fractions de la classe moyenne pour
se sauver de l'extinction

دوی د منځنی طبقي د برخي په توګه مبارزه کوی ترڅو ځانونه له
نابودی څخه وژغوری

Ils ne sont donc pas révolutionnaires, mais conservateurs

بنابراین آنها انقلابی نیستند ، بلکه محافظه کار هستند

Bien plus, ils sont réactionnaires, car ils essaient de faire
reculer la roue de l'histoire

نه علاوه بر این، آنها ارتجاعی هستند، زیرا آنها سعی می کنند چرخ
تاریخ را به عقب برگردانند

Si par hasard ils sont révolutionnaires, ils ne le sont qu'en
vue de leur transfert imminent dans le prolétariat

اگر آنها به طور تصادفی انقلابی باشند ، فقط با توجه به انتقال قریب
الوقوع آنها به پرولتاریا چنین هستند

Ils défendent ainsi non pas leurs intérêts présents, mais
leurs intérêts futurs

دوی په دی توګه نه د خپل اوسنی ، بلکي د خپلو راتلونکو ګټو دفاع کوی

ils désertent leur propre point de vue pour se placer à celui
du prolétariat

آنها از موضع خود دست می کشند تا خود را در موضع پرولتاریا قرار دهند

La « classe dangereuse », la racaille sociale, cette masse en décomposition passive rejetée par les couches les plus basses de la vieille société

خطرناک طبقه "، تفاله های اجتماعی ، آن توده منفعلانه پوسیده شده" توسط پایین ترین لایه های جامعه قدیمی پرتاب می شود

Ils peuvent, ici et là, être entraînés dans le mouvement par une révolution prolétarienne

آنها ممکن است ، اینجا و آنجا ، توسط یک انقلاب پرولتری به جنبش کشیده شوند

Ses conditions de vie, cependant, le préparent beaucoup plus au rôle d'instrument soudoyé de l'intrigue réactionnaire

با این حال ، شرایط زندگی آن را برای بخشی از ابزار رشوت خورده دسیسه ارتجاعی آماده می کند

Dans les conditions du prolétariat, ceux de l'ancienne société dans son ensemble sont déjà virtuellement submergés

در شرایط پرولتاریا ، جامعه های قدیمی در سطح کلی در حال حاضر در واقع غرق شده اند

Le prolétaire est sans propriété

پرولتاریا فاقد مالکیت است

ses rapports avec sa femme et ses enfants n'ont plus rien de commun avec les relations familiales de la bourgeoisie

رابطه او با همسر و فرزندان او دیگر هیچ وجه مشترکی با روابط خانوادگی بورژوازی ندارد

le travail industriel moderne, la sujétion moderne au capital, la même en Angleterre qu'en France, en Amérique comme en Allemagne

مدرن صنعتی کار ، تابع مدرن سرمایه ، همان در انگلستان مانند فرانسه در آمریکا و در آلمان ،

Sa condition dans la société l'a dépouillé de toute trace de caractère national

په ټولنه کې د هغه حالت هغه د ملی شخصیت له هر نښه ځخه محروم کړی دی

La loi, la morale, la religion, sont pour lui autant de préjugés bourgeois

قانون ، اخلاق ، مذهب ، برای او بسیاری از تعصبات بورژوازی است

et derrière ces préjugés se cachent en embuscade autant d'intérêts bourgeois

و در پشت این تعصبات به همان اندازه منافع بورژوازی در کمین نهفته است

Toutes les classes précédentes, qui ont pris le dessus, ont cherché à fortifier leur statut déjà acquis

ټولو پخوانیو طبقو چی برتری یی تر لاسه کړه، هغه یی کوله چی خپل مخکی تر لاسه شوی دریځ پیاوړی کړی

Ils l'ont fait en soumettant la société dans son ensemble à leurs conditions d'appropriation

آنها این کار را با تابع کردن جامعه به طور گسترده تحت شرایط تصرف خود انجام دادند

Les prolétaires ne peuvent pas devenir maîtres des forces productives de la société

پرولتاریا نمی تواند بر نیروهای تولیدی جامعه حاکم شود

elle ne peut le faire qu'en abolissant son propre mode d'appropriation antérieur

این تنها با لغو شیوه قبلی تخصیص خود می تواند این کار را انجام دهد

et par là même elle abolit tout autre mode d'appropriation antérieur

او په دې توګه د تخصیص هر پخوانی حالت هم له منځه وړی

Ils n'ont rien à eux pour s'assurer et se fortifier

هغوی د خپل ځان ځخه هیڅ شی نه لری چی خوندی او قوی یی کړی۔

Leur mission est de détruire toutes les sûretés antérieures et les assurances de biens individuels

د دوی ماموریت دا دی چی ټول پخوانی ضمانتونه د فردی ملکیت لپاره له منځه یوسی

Tous les mouvements historiques antérieurs étaient des mouvements de minorités

ټول پخوانی تاریخی غورځنګونه د اقلیتونو خوځښتونه وو

ou bien il s'agissait de mouvements dans l'intérêt des minorités

یا آنها جنبش هایی بودند که به نفع اقلیت ها بودند

Le mouvement prolétarien est le mouvement conscient et indépendant de l'immense majorité

جنبش پرولتری جنبش خود آگاه و مستقل اکثریت عظیم است

Et c'est un mouvement dans l'intérêt de l'immense majorité

و این یک جنبش به نفع اکثریت مطلق است

Le prolétariat, couche la plus basse de notre société actuelle

پرولتاریا ، پایین ترین قشر جامعه کنونی ما

elle ne peut ni s'agiter ni s'élever sans que toutes les couches supérieures de la société officielle ne soient soulevées en l'air

این نمی تواند بدون اینکه تمام طبقه های فوق العاده جامعه رسمی به هوا پرتاب شوند ، خود را به حرکت درآورد یا بلند کند

Loin d'être dans le fond, mais dans la forme, la lutte du prolétariat contre la bourgeoisie est d'abord une lutte nationale

مبارزه پرولتاریا با بورژوازی اگرچه نه از نظر جوهر ، اما از نظر شکل است ، در ابتدا یک مبارزه ملی است

Le prolétariat de chaque pays doit, bien entendu, régler d'abord ses affaires avec sa propre bourgeoisie

البته پرولتاریا هر کشور باید قبل از هر چیز مسائل را با بورژوازی خود حل و فصل کند

En décrivant les phases les plus générales du développement du prolétariat, nous avons retracé la guerre civile plus ou moins voilée

در به تصویر کشیدن عمومی ترین مراحل توسعه پرولتاریا ، ما کم و بیش پوشیده داخلی جنگ را دنبال کردیم

Ce civil fait rage au sein de la société existante

دا مدنی په موجوده ټولنه کې په پراخه کچه راپورته کیږی

Elle fera rage jusqu'au point où cette guerre éclatera en révolution ouverte

دا به تر دي حده زور واخلی چی جګره په آشکار انقلاب بدله شی

et alors le renversement violent de la bourgeoisie jette les bases de l'emprise du prolétariat

و سپس سرنگونی خشونت آمیز بورژوازی اساس حاکمیت پرولتاریا را می گذارد

Jusqu'à présent, toute forme de société a été fondée, comme nous l'avons déjà vu, sur l'antagonisme des classes oppressives et opprimées

تا کنون ، هر شکل جامعه ، همانطور که قبلا دیدیم ، بر تضاد طبقات ستمگین و تحت ستم بنا شده است

Mais pour opprimer une classe, il faut lui assurer certaines conditions

اما برای سرکوب یک طبقه، باید شرایط خاصی برای آن تضمین شود

La classe doit être maintenue dans des conditions dans lesquelles elle peut, au moins, continuer son existence servile

طبقه باید په داسی شرایطو کی وساتل شی چی لږ تر لږه وکولای شی خپل برده وار ژوند ته دوام ورکړی

Le serf, à l'époque du servage, s'élevait lui-même au rang d'adhérent à la commune

رعیت ، د رعیت په دوره کی ، ځان د کمون غړیتوب ته لوړ کړ

de même que la petite bourgeoisie, sous le joug de l'absolutisme féodal, a réussi à se développer en bourgeoisie

همانطوریکه خرده بورژوازی ، تحت یوغ استبداد فئودالی ، توانست به یک بورژوازی تبدیل شود

L'ouvrier moderne, au contraire, au lieu de s'élever avec les progrès de l'industrie, s'enfonce de plus en plus profondément

، بر عکس ، معاصر کارگر ، به جای اینکه با پیشرفت صنعت رشد کند عمیق تر و عمیق تر غرق می شود

il s'enfonce au-dessous des conditions d'existence de sa propre classe

هغه د خپلی طبقی د موجودیت د شرایطو لاندی غرق کېږی

Il devient pauvre, et le paupérisme se développe plus rapidement que la population et la richesse

او یک فقیر می شود ، و فقر نسبت به جمعیت و ثروت سریعتر رشد می کند

Et c'est là qu'il devient évident que la bourgeoisie n'est plus apte à être la classe dominante dans la société

و در اینجا آشکار می شود که بورژوازی دیگر برای تبدیل شدن به طبقه حاکم در جامعه مناسب نیست

et elle n'est pas digne d'imposer ses conditions d'existence à la société comme une loi prépondérante

او دا مناسبه نه ده چي د خپل ژوند شرايط په تولنه باندي د يو حاکم قانون په توګه تحميل کړي

Il est inapte à gouverner parce qu'il est incompétent pour assurer une existence à son esclave dans son esclavage

دا د حکومت کولو ور نه ده ځکه چي دا ناوره ده چي خپل غلام ته د هغه په غلامۍ کي موجوديت تضمين کړي

parce qu'il ne peut s'empêcher de le laisser sombrer dans un tel état, qu'il doit le nourrir, au lieu d'être nourri par lui

ځکه چي دا نه شي کولای چي هغه په داسي حالت کي ډوب شي ، چي بايد هغه ته خواړه ورکړي ، نه دا چي د هغه له خوا تغذيه شي

La société ne peut plus vivre sous cette bourgeoisie

جامعه ديگر نمی تواند تحت اين بورژوازی زندگی کند

En d'autres termes, son existence n'est plus compatible avec la société

به عبارت ديگر ، وجود آن ديگر با جامعه سازگار نيست

La condition essentielle de l'existence et de l'influence de la classe bourgeoise est la formation et l'accroissement du capital

شرط اساسی برای موجوديت و نفوذ طبقه بورژوازی تشکيل و تقويت سرمايه است

La condition du capital, c'est le salariat-travail

شرط برای سرمايه مزدی کار است

Le travail salarié repose exclusivement sur la concurrence entre les travailleurs

مزدی کار منحصرا بر رقابت بين کارگران تکيه دارد

Le progrès de l'industrie, dont le promoteur involontaire est la bourgeoisie, remplace l'isolement des ouvriers

پيشرفت صنعت ، که غير ارادی آن بورژوازی است ، جای انزوا کارگران را می گيرد

en raison de la concurrence, en raison de leur combinaison révolutionnaire, en raison de l'association

د سيالۍ له امله ، د هغوی انقلابی ترکيب ، د تړاو له امله

Le développement de l'industrie moderne lui coupe sous les
pieds les fondements mêmes sur lesquels la bourgeoisie
produit et s'approprie les produits

توسعه صنعت مدرن همان پایه را که بورژوازی بر اساس آن تولید و
تصاحب می کند ، از زیر پینو قطع می کند

Ce que la bourgeoisie produit avant tout, ce sont ses propres
fossoyeurs

آنچه بورژوازی تولید می کند ، بالاتر از همه ، قبرکنان خود است

La chute de la bourgeoisie et la victoire du prolétariat sont
également inévitables

سقوط بورژوازی و پیروزی پرولتاریا به همان اندازه اجتناب ناپذیر
هستند

## Prolétaires et communistes
پرولتاریا او کمونیستان

**Quel est le rapport des communistes vis-à-vis de l'ensemble des prolétaires ?**

کمونیست ها در چه رابطه ای با پرولتاریا به عنوان یک کل ایستاده اند ؟

**Les communistes ne forment pas un parti séparé opposé aux autres partis de la classe ouvrière**

کمونیست ها یک حزب جداگانه در مقابل سایر احزاب طبقه کارگر تشکیل نمی دهند

**Ils n'ont pas d'intérêts séparés de ceux du prolétariat dans son ensemble**

آنها هیچ منافعی جدا و جدا از منافع پرولتاریا به عنوان یک کل ندارند

**Ils n'établissent pas de principes sectaires qui leur soient propres pour façonner et modeler le mouvement prolétarien**

آنها هیچ اصول فرقه ای را برای خود ایجاد نمی کنند ، که به وسیله آن جنبش پرولتری را شکل دهند و شکل دهند

**Les communistes ne se distinguent des autres partis ouvriers que par deux choses**

کمونیست ها تنها با دو چیز از سایر احزاب طبقه کارگر متمایز هستند

**Premièrement, ils signalent et mettent en avant les intérêts communs de l'ensemble du prolétariat, indépendamment de toute nationalité**

اولا ، آنها منافع مشترک تمام پرولتاریا را مستقل از هر ملیت نشان می دهند و به جبهه می آورند

**C'est ce qu'ils font dans les luttes nationales des prolétaires des différents pays**

دا کار هغوی د بیلابیلو هبوادونو د پرولتاریا په ملی مبارزو کې کوی

**Deuxièmement, ils représentent toujours et partout les intérêts du mouvement dans son ensemble**

دوم ، آنها همیشه و در همه جا از منافع جنبش به عنوان یک کل نمایندگی می کنند

**c'est ce qu'ils font dans les différents stades de développement par lesquels doit passer la lutte de la classe ouvrière contre la bourgeoisie**

آنها این کار را در مراحل مختلف توسعه انجام می دهند ، که مبارزه طبقه کارگر علیه بورژوازی باید از آن عبور کند

Les communistes sont donc, d'une part, pratiquement, la section la plus avancée et la plus résolue des partis ouvriers de tous les pays

بنابراین ، کمونیست ها از یک سو ، عملا ، پیشرفته ترین و قاطع ترین بخش احزاب طبقه کارگر هر کشور هستند

Ils sont cette section de la classe ouvrière qui pousse en avant toutes les autres

آنها آن بخش از طبقه کارگر هستند که همه دیگران را به جلو می برند

Théoriquement, ils ont aussi l'avantage de bien comprendre la ligne de marche

از نظر نظری ، آنها همچنین این مزیت را دارند که به وضوح خط مارچ را درک کنند

C'est ce qu'ils comprennent mieux par rapport à la grande masse du prolétariat

این را آنها در مقایسه با توده عظیم پرولتاریا بهتر درک می کنند

Ils comprennent les conditions et les résultats généraux ultimes du mouvement prolétarien

آنها شرایط و نتایج نهایی عمومی جنبش پرولتری را درک می کنند

Le but immédiat du Parti communiste est le même que celui de tous les autres partis prolétariens

هدف فوری کمونیست همان هدف است که تمام احزاب پرولتری دیگر دارند

Leur but est la formation du prolétariat en classe

هدف آنها تشکیل پرولتاریا در یک طبقه است

ils visent à renverser la suprématie de la bourgeoisie

هدف آنها سرنگونی برتری بورژوازی است

la conquête du pouvoir politique par le prolétariat

تلاش برای تسخیر قدرت سیاسی توسط پرولتاریا

Les conclusions théoriques des communistes ne sont nullement basées sur des idées ou des principes de réformateurs

نتیجه گیری های نظری کمونیست ها به هیچ وجه مبتنی بر ایده ها یا اصول اصلاح طلبان نیست

ce ne sont pas des prétendus réformateurs universels qui ont inventé ou découvert les conclusions théoriques des communistes

این اصلاح طلبان جهانی نبودند که نتیجه گیری های نظری کمونیست ها را اختراع یا کشف کردند

Ils ne font qu'exprimer, en termes généraux, des rapports réels qui naissent d'une lutte de classe existante

آنها فقط ، به طور کلی ، روابط واقعی را که از یک مبارزه طبقاتی موجود سرچشمه می گیرند ، بیان می کنند

Et ils décrivent le mouvement historique qui se déroule sous nos yeux et qui a créé cette lutte des classes

و آنها جنبش تاریخی را توصیف می کنند که زیر چشمان ما جریان دارد و این مبارزه طبقاتی را به وجود آورده است

L'abolition des rapports de propriété existants n'est pas du tout un trait distinctif du communisme

از بین بردن روابط مالکیت موجود به هیچ وجه یک ویژگی متمایز کمونیزم نیست

Dans le passé, toutes les relations de propriété ont été continuellement sujettes à des changements historiques

په تېر وخت کې د ملکیت ټولې اړیکې په دوامداره توګه د تاریخی بدلونونو تابع دی

et ces changements ont été consécutifs au changement des conditions historiques

او دا بدلونونه په تاریخی شرایطو کې د بدلون په پایله کې وو

La Révolution française, par exemple, a aboli la propriété féodale au profit de la propriété bourgeoise

به عنوان مثال ، انقلاب فرانسه ، مالکیت فیودالی را به نفع مالکیت بورژوازی لغو کرد

Le trait distinctif du communisme n'est pas l'abolition de la propriété, en général

ویژگی متمایز کمونیزم به طور کلی از بین بردن مالکیت نیست

mais le trait distinctif du communisme, c'est l'abolition de la propriété bourgeoise

اما ویژگی متمایز کمونیزم از بین بردن مالکیت بورژوازی است

Mais la propriété privée de la bourgeoisie moderne est l'expression ultime et la plus complète du système de production et d'appropriation des produits

اما مالکیت خصوصی بورژوازی مدرن آخرین و کامل ترین بیان سیستم تولید و تصاحب محصولات است

C'est l'état final d'un système basé sur les antagonismes de classe, où l'antagonisme de classe est l'exploitation du plus grand nombre par quelques-uns

، این آخرین حالت یک سیستم است که مبتنی بر تضادهای طبقاتی است جایی که تضاد طبقاتی استثمار اکثریت توسط چند نفر است

En ce sens, la théorie des communistes peut se résumer en une seule phrase ; l'abolition de la propriété privée

په دې معنا ، د کمونیستانو نظریه په یوه جمله کې خلاصه کېدای شی۔ د خصوصی ملکیت له منځه ورل

On nous a reproché, à nous communistes, de vouloir abolir le droit d'acquérir personnellement des biens

مورږ کمونیستان د شخصی ملکیت د ترلاسه کولو د حق د لغوه کولو په هیله ملامت شوی یو

On prétend que cette propriété est le fruit du travail de l'homme

دا ادعا کیږی چی دا ملکیت د انسان د خپل کار ثمره ده

et cette propriété est censée être le fondement de toute liberté, de toute activité et de toute indépendance individuelles.

او ادعا کیږی چی دا ملکیت د ټولو شخصی آزادی، فعالیت او خپلواکی بنست دی۔

« Propriété durement gagnée, auto-acquise, auto-gagnée ! »

"په سختی ګټل شوی، په خپله ترلاسه شوی، په خپله ترلاسه شوی جایداد"

Voulez-vous dire la propriété du petit artisan et du petit paysan ?

آیا منظور شما دارایی خرده فروشان و دهقان کوچک است ؟

Voulez-vous parler d'une forme de propriété qui a précédé la forme bourgeoise ?

آیا منظور شما از یک شکل مالکیت است که قبل از شکل بورژوازی بوده است ؟

Il n'est pas nécessaire de l'abolir, le développement de l'industrie l'a déjà détruit dans une large mesure

نیازی به از بین بردن آن نیست ، توسعه صنعت تا حد زیادی آن را از بین برده است

et le développement de l'industrie continue de la détruire chaque jour

او د صنعت پرمختگ اوس هم هره ورځ یی له منځه وړی

Ou voulez-vous parler de la propriété privée de la bourgeoisie moderne ?

یا منظور شما مالکیت خصوصی بورژوازی مدرن است ؟

Mais le travail salarié crée-t-il une propriété pour l'ouvrier ?

اما آیا مزدوری کار برای کارگر دارایی ایجاد می کند ؟

Non, le travail salarié ne crée pas une parcelle de ce genre de propriété !

نه ، مزدی کار حتی یک ذره از این نوع دارایی را ایجاد نمی کند

Ce que le travail salarié crée, c'est du capital ; ce genre de propriété qui exploite le travail salarié

هغه څه چی مزدوری کار ایجاد کوی سرمایه ده. هغه ډول ملکیت چی د مزدوری کار استثمار کوی

Le capital ne peut s'accroître qu'à la condition d'engendrer une nouvelle offre de travail salarié pour une nouvelle exploitation

سرمایه نه شی زیاتیدای مگر په دی شرط چی د تازه استثمار لپاره د مزدوری نوی عرضه رامنځته شی

La propriété, dans sa forme actuelle, est fondée sur l'antagonisme du capital et du salariat

مالکیت ، در شکل فعلی خود ، مبتنی بر تضاد سرمایه و مزدی کار است

Examinons les deux côtés de cet antagonisme

اجازه دهید که هر دو طرف این تضاد را بررسی کنیم

Être capitaliste, ce n'est pas seulement avoir un statut purement personnel

سرمایه دار بودن نه تنها به معنای داشتن یک موقعیت شخصی خالص است

Au contraire, être capitaliste, c'est aussi avoir un statut social dans la production

در عوض ، سرمایه دار بودن به معنای داشتن یک موقعیت اجتماعی در تولید است

parce que le capital est un produit collectif ; Ce n'est que par l'action unie de nombreux membres qu'elle peut être mise en branle

زیرا سرمایه یک محصول جمعی است. یوازي د ډېرو غړو د متحد عمل له لاري دا کار پیل کېدای شی

Mais cette action unie n'est qu'un dernier recours, et nécessite en fait tous les membres de la société

اما این اقدام متحد آخرین راه حل است ، و در واقع به تمام اعضای جامعه نیاز دارد

Le capital est converti en propriété de tous les membres de la société

سرمایه د تولنې د تولو غړو په ملکیت بدلیږی

mais le Capital n'est donc pas une puissance personnelle ; c'est un pouvoir social

اما سرمایه ، بنابراین ، یک قدرت شخصی نیست،دا یو تولنیز قدرت دی

Ainsi, lorsque le capital est converti en propriété sociale, la propriété personnelle n'est pas pour autant transformée en propriété sociale

بنابراین وقتی سرمایه به مالکیت اجتماعی تبدیل می شود ، مالکیت شخصی به مالکیت اجتماعی تبدیل نمی شود

Ce n'est que le caractère social de la propriété qui est modifié et qui perd son caractère de classe

دا یوازي د ملکیت تولنیز خصلت دی چې بدلون مومی او خپل طبقاتی خصلت له لاسه ورکوی

Regardons maintenant le travail salarié

اوس راخئ چې مزدوری ته وگورو

Le prix moyen du salariat est le salaire minimum, c'est-à-dire le quantum des moyens de subsistance

متوسط قیمت مزدی کار حداقل دستمزد است ، یعنی مقدار وسایل معیشت است

Ce salaire est absolument nécessaire dans la simple existence d'un ouvrier

دا مزد د کارگر په توگه مطلقا اړین دی

Ce que le salarié s'approprie par son travail ne suffit donc qu'à prolonger et à reproduire une existence nue

، له دې امله ، هغه څه چې مزدورى د خپل کار په وسيله تصاحب کوى يوازي د يوه لغر وجود د اوږدولو او بيا توليد کولو لپاره بسنه کوى

Nous n'avons nullement l'intention d'abolir cette appropriation personnelle des produits du travail

ما به هيچ وجه قصد نداريم که اين تصرف شخصى از محصولات کار را لغو کنيم

une appropriation qui est faite pour le maintien et la reproduction de la vie humaine

هغه تخصيص چې د انسان د ژوند د ساتنې او توليد لپاره جوړ شوى دى

Une telle appropriation personnelle des produits du travail ne laisse pas de surplus pour commander le travail d'autrui

د کار د محصولاتو داسي شخصى تخصيص هيڅ اضافى نه پريږدى چې د نورو په کار کې امر وکړى

Tout ce que nous voulons supprimer, c'est le caractère misérable de cette appropriation

ټول هغه څه چې موږ غوارو له منځه يوسو ، د دي تخصيص بدمرغه خصلت دى

l'appropriation dont vit l'ouvrier dans le seul but d'augmenter son capital

تخصيص که تحت آن کارگر فقط براى افزايش سرمايه زندگى مى کند

Il n'est autorisé à vivre que dans la mesure où l'intérêt de la classe dominante l'exige

هغه اجازه لرى چې يوازي تر هغه حده ژوند وکړى چې د حاکمي طبقي ګټي ايجاب کوى

Dans la société bourgeoise, le travail vivant n'est qu'un moyen d'augmenter le travail accumulé

در جامعه بورژوازى ، کار زنده فقط وسيله اى براى افزايش کار انباشته شده است

Dans la société communiste, le travail accumulé n'est qu'un moyen d'élargir, d'enrichir, de promouvoir l'existence de l'ouvrier

، در جامعه کمونيستى ، کار انباشته شده تنها وسيله اى براى گسترش غنى سازى ، ترويج وجود کارگر است

C'est pourquoi, dans la société bourgeoise, le passé domine
le présent

بنابراین ، در جامعه بورژوازی ، گذشته بر زمان حال حاکم است

dans la société communiste, le présent domine le passé

در جامعه کمونیستی ، حال بر گذشته حاکم است

Dans la société bourgeoise, le capital est indépendant et a
une individualité

در جامعه بورژوازی سرمایه مستقل است و دارای فردیت است

Dans la société bourgeoise, la personne vivante est
dépendante et n'a pas d'individualité

په بورژوازی تولنه کې ژوندی شخص وابسته دی او انفرادیت نه لری

Et l'abolition de cet état de choses est appelée par la
bourgeoisie l'abolition de l'individualité et de la liberté !

و از بین بردن این حالت از سوی بورژوازی ، لغو فردیت و آزادی است

Et c'est à juste titre qu'on l'appelle l'abolition de
l'individualité et de la liberté !

و به درستی آن را لغو فردیت و آزادی می نامند

Le communisme vise à l'abolition de l'individualité
bourgeoise

هدف کمونیزم از بین بردن فردیت بورژوازی است

Le communisme veut l'abolition de l'indépendance de la
bourgeoisie

کمونیزم قصد دارد استقلال بورژوازی را از بین ببرد

La liberté de la bourgeoisie est sans aucun doute ce que vise
le communisme

آزادی بورژوازی بدون شک همان چیزی است که کمونیزم به دنبال آن
است

dans les conditions actuelles de production de la
bourgeoisie, la liberté signifie le libre-échange, la liberté de
vendre et d'acheter

در شرایط تولید بورژوازی کنونی ، آزادی به معنای تجارت آزاد ، خرید
و فروش آزاد است

Mais si la vente et l'achat disparaissent, la vente et l'achat
gratuits disparaissent également

اما اگر خرید و فروش از بین برود ، خرید و فروش نیز از بین برود

Les « paroles courageuses » de la bourgeoisie sur la vente et
l'achat libres n'ont qu'un sens limité

کلمات شجاعانه  "توسط بورژوازی در مورد خرید و فروش آزاد فقط "
در یک مفهوم محدود معنی دارند

Ces mots n'ont de sens que par opposition à la vente et à
l'achat restreints

دا تکی یوازی د محدود خرخلاو او پیرودلو په تضاد کی معنا لری

et ces mots n'ont de sens que lorsqu'ils s'appliquent aux
marchands enchaînés du moyen âge

او دا کلمي یوازي هغه وخت معنا لری چی د منځنیو پیریو د ترل شویو
سوداګرو لپاره وکارول شی

et cela suppose que ces mots aient même un sens dans un
sens bourgeois

و این فرض می کند که این کلمات حتی در مفهوم بورژوازی معنی دارند

mais ces mots n'ont aucun sens lorsqu'ils sont utilisés pour
s'opposer à l'abolition communiste de l'achat et de la vente

اما این کلمات هیچ معنایی ندارند وقتی که آنها برای مخالفت با لغو خرید
و فروش کمونیستی استفاده می شوند

les mots n'ont pas de sens lorsqu'ils sont utilisés pour
s'opposer à l'abolition des conditions de production de la
bourgeoisie

این کلمات زمانی معنی ندارند که برای مخالفت با شرایط بورژوازی
تولید که از بین می رود ، استفاده می شوند

et ils n'ont aucun sens lorsqu'ils sont utilisés pour s'opposer
à l'abolition de la bourgeoisie elle-même

و وقتی از آنها برای مخالفت با لغو بورژوازی استفاده می شود ، هیچ
معنایی ندارند

Vous êtes horrifiés par notre intention d'en finir avec la
propriété privée

شما از قصد ما برای از بین بردن مالکیت شخصی وحشت زده می شوید

Mais dans votre société actuelle, la propriété privée est déjà
abolie pour les neuf dixièmes de la population

اما در جامعه فعلی شما ، مالکیت خصوصی برای نه دهم جمعیت از بین
رفته است

L'existence d'une propriété privée pour quelques-uns est uniquement due à sa non-existence entre les mains des neuf dixièmes de la population

وجود مالکیت خصوصی برای چند نفر تنها به دلیل عدم وجود آن در دست نه دهم جمعیت است

Vous nous reprochez donc d'avoir l'intention de supprimer une forme de propriété

بنابراین ، شما ما را ملامت می کنید که قصد داریم یک نوع دارایی را از بین ببریم

Mais la propriété privée nécessite l'inexistence de toute propriété pour l'immense majorité de la société

خو خصوصی ملکیت د ټولنې د اکثریت لپاره د ملکیت د نشتوالی لامل ګرځی

En un mot, vous nous reprochez d'avoir l'intention de vous débarrasser de vos biens

په یوه کلمه، تاسو مور ملامت کوئ چی قصد لرو ستاسو شتمنی له منځه یوسو

Et c'est précisément le cas ; se débarrasser de votre propriété est exactement ce que nous avons l'intention de faire

او دقیقا همداسی ده۔ ستاسو د جایداد له منځه ورل هغه څه دی چی مور یې غواړو

À partir du moment où le travail ne peut plus être converti en capital, en argent ou en rente

از لحظه ای که کار دیگر نمی تواند به سرمایه ، پول یا اجاره تبدیل شود

quand le travail ne peut plus être converti en un pouvoir social monopolisé

وقتی که کار دیگر نمی تواند به یک قدرت اجتماعی تبدیل شود که بتواند در انحصار باشد

à partir du moment où la propriété individuelle ne peut plus être transformée en propriété bourgeoise

از لحظه ای که مالکیت فردی دیگر نمی تواند به دارایی بورژوازی تبدیل شود

à partir du moment où la propriété individuelle ne peut plus être transformée en capital

له هغی لحظی څخه چی فردی ملکیت نور په سرمایه نه شی بدلېدای

À partir de ce moment-là, vous dites que l'individualité s'évanouit

از آن لحظه ، شما می گویید که فردیت از بین می رود

Vous devez donc avouer que par « individu » vous n'entendez personne d'autre que la bourgeoisie

بنابراین شما باید اعتراف کنید که منظور شما از "فرد "غیر از بورژوازی شخص دیگری نیست

Vous devez avouer qu'il s'agit spécifiquement du propriétaire de la classe moyenne

تاسو باید اعتراف وکړئ چی دا په ځانګړی توګه د منځنی طبقی د جايداد مالک ته اشاره کوی

Cette personne doit, en effet, être balayée et rendue impossible

دا شخص باید په رښتیا هم له لاري وغورځول شی او ناممکن شی

Le communisme ne prive personne du pouvoir de s'approprier les produits de la société

کمونیزم هیچ کس را از قدرت تصرف محصولات جامعه محروم نمی کند

tout ce que fait le communisme, c'est de le priver du pouvoir de subjuguer le travail d'autrui au moyen d'une telle appropriation

تول هغه څه چی کمونیزم کوی هغه دا دی چی هغه له دی توان څخه محروم کړی چی د نورو کار د داسی تخصیص له لاري تابع کړی

On a objecté qu'avec l'abolition de la propriété privée, tout travail cesserait

دا اعتراض شوی دی چی د خصوصی ملکیت د لغوه کېدو سره به تول کارونه بند شی

et il est alors suggéré que la paresse universelle nous rattrapera

و سپس پیشنهاد می شود که تنبلی جهانی بر ما غلبه خواهد کرد

D'après cela, il y a longtemps que la société bourgeoise aurait dû aller aux chiens par pure oisiveté

بر این اساس ، جامعه بورژوازی باید خیلی وقت پیش به سگ ها از طریق بطالت محض رفته باشد

parce que ceux de ses membres qui travaillent, n'acquièrent rien

څکه هغه غړی چی کار کوی ، هیڅ شی تر لاسه نه کوی.

et ceux de ses membres qui acquièrent quoi que ce soit, ne
travaillent pas

او هغه کسان چي هر څه ترلاسه کوی ، کار نه کوی

L'ensemble de cette objection n'est qu'une autre expression
de la tautologie

تمام این اعتراض فقط یک بیان دیگر از توتولوژی است

Il ne peut plus y avoir de travail salarié quand il n'y a plus
de capital

کله چي سرمایه نه وی ، نور مزدوری نه شی کیدای

Il n'y a pas de différence entre les produits matériels et les
produits mentaux

د مادی محصولاتو او ذهنی تولیداتو ترمنځ هیڅ توپیر نشته

Le communisme propose que les deux soient produits de la
même manière

کمونیزم پیشنهاد می کند که این دو به یک شکل تولید می شوند

mais les objections contre les modes communistes de
production sont les mêmes

اما اعتراضات علیه شیوه های تولید کمونیستی این ها یکسان است

pour la bourgeoisie, la disparition de la propriété de classe
est la disparition de la production elle-même

د بورژوازی له نظره د طبقاتی ملکیت له منځه تلل په خپله د تولید له
منځه تلل دی

Ainsi, la disparition de la culture de classe est pour lui
identique à la disparition de toute culture

نو د طبقاتی کلتور له منځه تلل د هغه لپاره د ټولو کلتورونو له منځه تللو
سره یو شان دی

Cette culture, dont il déplore la perte, n'est pour l'immense
majorité qu'un simple entraînement à agir comme une
machine

این فرهنگ ، که از دست دادن آن او افسوس می خورد ، برای اکثریت
عظیم فقط یک آموزش است تا مانند یک ماشین عمل کنند

Les communistes ont bien l'intention d'abolir la culture de
la propriété bourgeoise

کمونیست ها قصد دارند فرهنگ مالکیت بورژوازی را از بین ببرند

Mais ne vous querellez pas avec nous tant que vous
appliquez les normes de vos notions bourgeoises de liberté,
de culture, de droit, etc

، اما تا زمانی که شما معیارهای بورژوازی خود را در مورد آزادی
فرهنگ ، قانون و غیره تطبیق می کنید ، با ما بحث نکنید

Vos idées mêmes ne sont que le résultat des conditions de
votre production bourgeoise et de la propriété bourgeoise

ایده های شما چیزی جز نتیجه شرایط تولید بورژوازی و مالکیت
بورژوازی شما نیست

de même que votre jurisprudence n'est que la volonté de
votre classe érigée en loi pour tous

لکه څنګه چی ستاسو فقه یوازي ستاسو د طبقي اراده ده چي د ټولو لپاره
یو قانون جوړ شوی دی

Le caractère essentiel et l'orientation de cette volonté sont
déterminés par les conditions économiques créées par votre
classe sociale

د دي ارادي اساسی خصلت او لوری د اقتصادی شرایطو له مخي ټاکل
کیږی چی ستاسو ټولنیز طبقه یی رامنځ ته کوی

L'idée fausse égoïste qui vous pousse à transformer les
formes sociales en lois éternelles de la nature et de la raison

خودخواهانه غلط فهمی که شما را تشویق می کند تا شکل های اجتماعی
را به قوانین ابدی طبیعت و عقل تبدیل کنید

les formes sociales qui découlent de votre mode de
production et de votre forme de propriété actuels

هغه ټولنیز بڼي چی ستاسو د تولید او ملکیت له اوسنی بڼي څخه سرچینه
اخلی

des rapports historiques qui naissent et disparaissent dans le
progrès de la production

تاریخی اړیکي چی د تولید په پرمختګ کي پورته کیږی او له منځه ځی

cette idée fausse que vous partagez avec toutes les classes
dirigeantes qui vous ont précédés

، این غلط فهمی را شما با هر طبقه حاکم که قبل از شما بوده است
شریک می کنید

Ce que vous voyez clairement dans le cas de la propriété
ancienne, ce que vous admettez dans le cas de la propriété
féodale

هغه څه چې تاسو يي د لرغونى ملکيت په برخه کې په روبنانه توګه
وينئ ، هغه څه چې تاسو يي د فيودالى ملکيت په برخه کې اعتراف کوئ

ces choses, il vous est bien entendu interdit de les admettre
dans le cas de votre propre forme de propriété bourgeoise

البته ، شما از اعتراف به اين چيزها در مورد مالکيت بورژوازى خود
منع شده ايد

Abolition de la famille ! Même les plus radicaux
s'enflamment devant cette infâme proposition des
communistes

د کورنى له منځه ورل حتى راديکال ترين افراد نيز در مورد اين پيشنهاد
بدنام کمونيست ها شعله ور می شوند

Sur quelle base se fonde la famille actuelle, la famille
bourgeoise ?

خانواده کنونى ، خانواده بورژوازى ، بر چه اساسى استوار است ؟

La fondation de la famille actuelle est basée sur le capital et
le gain privé

د اوسنى کورنى بنست د پانګى او شخصى ګټو پر بنست دى

Sous sa forme complètement développée, cette famille
n'existe que dans la bourgeoisie

اين خانواده در شکل کامل خود فقط در ميان بورژوازى وجود دارد

Cet état de choses trouve son complément dans l'absence
pratique de la famille chez les prolétaires

اين وضعيت در غياب عملى خانواده در ميان پرولتاريا تکميل می يابد

Cet état de choses se retrouve dans la prostitution publique

دا حالت په عامه فحشا کې موندل کيږى

La famille bourgeoise disparaîtra d'office quand son effectif
disparaîtra

د بورژوازى کورنى به هغه وخت له منځه لار شى کله چې بشپړه برخه
يې له منځه لار شى

et l'une et l'autre s'évanouiront avec la disparition du capital

او دا دواړه اراده به د پانګى له منځه تللو سره له منځه لار شى۔

Nous accusez-vous de vouloir mettre fin à l'exploitation des
enfants par leurs parents ?

آيا شما ما را متهم می کنيد که می خواهيم جلوى استثمار کودکان توسط
والدين آنها را بګيريم ؟

Nous plaidons coupables de ce crime

د دي جرم په اره مور گناه منو

Mais, direz-vous, on détruit les relations les plus sacrées, quand on remplace l'éducation à domicile par l'éducation sociale

، اما ، شما خواهید گفت ، ما مقدس ترین روابط را از بین می بریم زمانی که ما آموزش و پرورش را با آموزش اجتماعی جایگزین می کنیم

Votre éducation n'est-elle pas aussi sociale ? Et n'est-elle pas déterminée par les conditions sociales dans lesquelles vous éduquez ?

آیا تحصیلات شما نیز اجتماعی نیست؟ و آیا این توسط شرایط اجتماعی که شما تحت آن تحصیل می کنید تعیین نمی شود ؟

par l'intervention, directe ou indirecte, de la société, par le biais de l'école, etc.

د تولنی په مستقیم یا غیر مستقیم مداخله، د بنوونخیو او داسی نورو په واسطه مداخله.

Les communistes n'ont pas inventé l'intervention de la société dans l'éducation

کمونیست ها مداخله جامعه را در آموزش اختراع نکرده اند

ils ne cherchent qu'à modifier le caractère de cette intervention

آنها فقط به دنبال تغییر ماهیت این مداخله هستند

et ils cherchent à sauver l'éducation de l'influence de la classe dirigeante

او دوی په دي لټه کي دی چي بنوونه او روزنه د حاکمی طبقي له نفوذ څخه وژغوري

La bourgeoisie parle de la relation sacrée du parent et de l'enfant

بورژوازی د مور او پلار او ماشوم د مقدس اریکو خبری کوی

mais ce baratin sur la famille et l'éducation devient d'autant plus répugnant quand on regarde l'industrie moderne

اما این تله در مورد خانواده و تعلیم و تربیه زمانی که ما به صنعت مدرن نگاه می کنیم ، بیشتر نفرت انگیز می شود

Tous les liens familiaux entre les prolétaires sont déchirés par l'industrie moderne

تمام پیوندهای خانوادگی در میان پرولتاریا توسط صنعت مدرن از هم پاشیده شده است

Leurs enfants sont transformés en simples objets de commerce et en instruments de travail

دِ هغوی ماشومان په ساده سوداگری او دِ کار په وسایلو بدل شوی دی

Mais vous, communistes, vous créeriez une communauté de femmes, crie en chœur toute la bourgeoisie

اما شما کمونیست ها می توانید یک جامعه از زنان را ایجاد کنید ، تمام بورژوازی را در گروه کر فریاد می زنید

La bourgeoisie ne voit en sa femme qu'un instrument de production

بورژوازی در همسرش فقط یک ابزار تولید می بیند

Il entend dire que les instruments de production doivent être exploités par tous

هغه اوری چی دِ تولید وسایل باید دِ تولو له خوا استثمار شی

et, naturellement, il ne peut arriver à aucune autre conclusion que celle d'être commun à tous retombera également sur les femmes

او طبعاً ، هغه نه شی کولای پرته له دی چی دِ تولو مشترکات هم په ښځو پوری اړه ولری ، هیڅ نتیجی ته نه شی رسیدلی

Il ne soupçonne même pas qu'il s'agit en fait d'en finir avec le statut de la femme en tant que simple instrument de production

او حتی شک هم ندارد که نکته اصلی این است که وضعیت زنان را به عنوان ابزار تولید از بین ببرد

Du reste, rien n'est plus ridicule que l'indignation vertueuse de notre bourgeoisie contre la communauté des femmes

برای بقیه ، هیچ چیز مضحک تر از خشم با فضیلت بورژوازی ما نسبت به جامعه زنان نیست

ils prétendent qu'elle doit être établie ouvertement et officiellement par les communistes

آنها وانمود می کنند که این به طور علنی و رسمی توسط کمونیست ها تاسیس شده است

Les communistes n'ont pas besoin d'introduire la communauté des femmes, elle existe depuis des temps immémoriaux

کمونیست ها نیازی به معرفی جامعه زنان ندارند ، این تقریبا از زمان های بسیار قدیم وجود داشته است

Notre bourgeoisie ne se contente pas d'avoir à sa disposition les femmes et les filles de ses prolétaires

بورژوازی ما به داشتن زنان و دختران پرولتاریا در اختیار ندارد

Ils prennent le plus grand plaisir à séduire les femmes de l'autre

دوی د يو بل د مېرمنو په اغوا کولو کې تر تولو زیات خوند اخلی

Et cela ne parle même pas des prostituées ordinaires

او دا حتی د عامو فاحشو په اره هم نه دی ویل شوی

Le mariage bourgeois est en réalité un système d'épouses en commun

بورژوازی ازدواج در حقیقت یک سیستم مشترک زنان است

puis il y a une chose qu'on pourrait peut-être reprocher aux communistes

پس از آن یک چیز وجود دارد که ممکن است کمونیست ها به آن سرزنش شوند

Ils souhaitent introduire une communauté de femmes ouvertement légalisée

دوی غواړی چی د بنخو يوه آزاده قانونی تولنه معرفی کړی

plutôt qu'une communauté de femmes hypocritement dissimulée

به جای یک جامعه پنهان ریاکارانه از زنان

la communauté des femmes issues du système de production

د بنخو تولنه چی د تولید له سیستم څخه سرچینه اخلی

Abolissez le système de production, et vous abolissez la communauté des femmes

سیستم تولید را از بین ببرید ، و جامعه زنان را از بین ببرید

La prostitution publique est abolie et la prostitution privée

هم عامه فحشا له منځه ورل شوی او هم شخصی فحشا

On reproche en outre aux communistes de vouloir abolir les pays et les nationalités

کمونیست ها علاوه بر این بیشتر مورد سرزنش قرار می گیرند که می خواهند کشورها و ملیت ها را از بین ببرند

Les travailleurs n'ont pas de patrie, nous ne pouvons donc pas leur prendre ce qu'ils n'ont pas

کارگران کشور ندارند ، بنابراین ما نمی توانیم آنچه را که آنها بدست نیاورند از آنها بگیریم

Le prolétariat doit d'abord acquérir la suprématie politique

پرولتاریا باید قبل از هر چیز حاکمیت سیاسی را بدست آورد

Le prolétariat doit s'élever pour être la classe dirigeante de la nation

پرولتاریا باید به عنوان یک طبقه پیشرو در ملت برخیزد

Le prolétariat doit se constituer en nation

پرولتاریا باید خود را ملت تشکیل دهد

elle est, jusqu'à présent, elle-même nationale, mais pas dans le sens bourgeois du mot

این کشور تا کنون خود ملی است ، اگرچه نه به معنای بورژوازی کلمه

Les différences nationales et les antagonismes entre les peuples s'estompent chaque jour davantage

ملی اختلافات و دشمنی ها بین مردم روز به روز از بین می روند

grâce au développement de la bourgeoisie, à la liberté du commerce, au marché mondial

د بورژوازی د پرمختگ له امله ، د سوداگری ازادی ، د نړیوال بازار له امله

à l'uniformité du mode de production et des conditions de vie qui y correspondent

د تولید په بنه او د ژوند په شرایطو کی چی ورسره متناظر دی یو دول والی

La suprématie du prolétariat les fera disparaître encore plus vite

برتری پرولتاریا باعث می شود که آنها حتی سریعتر از بین بروند

L'action unie, du moins dans les principaux pays civilisés, est une des premières conditions de l'émancipation du prolétariat

اقدام متحد ، حداقل از سوی کشورهای متمدن پیشرو ، یکی از اولین شرایط آزادی پرولتاریا است

Dans la mesure où l'exploitation d'un individu par un autre prendra fin, l'exploitation d'une nation par une autre prendra également fin à

، به همان نسبت که استثمار یک فرد توسط فرد دیگر پایان داده شود استثمار یک ملت توسط ملت دیگر نیز پایان خواهد یافت

À mesure que l'antagonisme entre les classes à l'intérieur de la nation disparaîtra, l'hostilité d'une nation envers une autre prendra fin

به همان اندازه که تضاد بین طبقات در داخل ملت از بین برود ، دشمنی یک ملت با ملت دیگر به پایان خواهد رسید

Les accusations portées contre le communisme d'un point de vue religieux, philosophique et, en général, idéologique, ne méritent pas d'être examinées sérieusement

اتهامات علیه کمونیزم که از نظر مذهبی ، فلسفی و به طور کلی از نظر ایدئولوژیک مطرح شده است ، شایسته بررسی جدی نیست

Faut-il une intuition profonde pour comprendre que les idées, les vues et les conceptions de l'homme changent à chaque changement dans les conditions de son existence matérielle ?

آیا درک اینکه ایده ها ، دیدگاه ها و تصورات انسان با هر تغییر در شرایط وجود مادی او تغییر می کند ، عمیق شهود لازم است ؟

N'est-il pas évident que la conscience de l'homme change lorsque ses relations sociales et sa vie sociale changent ?

آیا دا خُرگنده نه ده چی د انسان شعور هغه وخت بدلون مومی کله چی د هغه تولنیز اریکی او تولنیز ژوند تغیر کوی؟

Qu'est-ce que l'histoire des idées prouve d'autre, sinon que la production intellectuelle change de caractère à mesure que la production matérielle se modifie ?

تاریخ ایده ها چه چیز دیگری را ثابت می کند ، جز این که تولید فکری با تغییر تولید مادی ، ماهیت خود را تغییر می دهد ؟

Les idées dominantes de chaque époque ont toujours été les idées de sa classe dirigeante

د هر عصر حاکم نظریات تل د هغه د حاکمی طبقی مفکوري دی

Quand on parle d'idées qui révolutionnent la société, on n'exprime qu'un seul fait

کله چی خلک د هغو نظرونو په اره خبري کوی چی تولنه کی انقلاب راولی ، دوی یوازي یو حقیقت خُرگندوی

Au sein de l'ancienne société, les éléments d'une nouvelle société ont été créés

په زاره تولنه کی ، د نوی تولنی عناصر ایجاد شوی دی

et que la dissolution des vieilles idées va de pair avec la dissolution des anciennes conditions d'existence

او دا چې د زړو نظریاتو انحلال د موجودیت د زړو شرایطو د انحلال سره همغږی دی

Lorsque le monde antique était dans ses dernières affresses, les anciennes religions ont été vaincues par le christianisme

کله چې لرغونی نړی په وروستی پړاو کې وه ، لرغونی مذهبونه د مسیحیت له خوا مغلوب شول

Lorsque les idées chrétiennes ont succombé au XVIIIe siècle aux idées rationalistes, la société féodale a mené une bataille à mort contre la bourgeoisie alors révolutionnaire

هنگامی که ایده های مسیحی در قرن 18 تسلیم عقل گرایانه نظریات شدند ، فیودالی جامعه با انقلابی بورژوازی آن زمان مبارزه کرد

Les idées de liberté religieuse et de liberté de conscience n'ont fait qu'exprimer l'emprise de la libre concurrence dans le domaine de la connaissance

د مذهبی ازادی او د وجدان د آزادی مفکوري یوازي د پوهي په ساحه کی د آزادي سیالی نفوذ څرګندوی

« Sans doute, dira-t-on, les idées religieuses, morales, philosophiques et juridiques ont été modifiées au cours du développement historique »

باید وویل شی چې "بی له شکه ، مذهبی ، اخلاقی ، فلسفی او حقوقی "نظریات د تاریخی پرمختک په بهیر کی تعدیل شوی دی

Mais la religion, la morale, la philosophie, la science politique et le droit ont constamment survécu à ce changement.

اما مذهب ، فلسفه اخلاق ، علوم سیاسی و قانون ، به طور مداوم از این" "تغییر جان سالم به در بردند

« Il y a aussi des vérités éternelles, telles que la Liberté, la Justice, etc. »

"ابدی حقیقتونه هم شته ، لکه آزادی ، عدالت ، او نور"

« Ces vérités éternelles sont communes à tous les états de la société »

"دا ابدی حقیقتونه د تولنی په تولو حالتونو کی مشترک دی"

« Mais le communisme abolit les vérités éternelles, il abolit toute religion et toute morale »

"اما کمونیزم حقایق ابدی را از بین می برد ، تمام مذهب ها و تمام
" اخلاقیات را از بین می برد

« il fait cela au lieu de les constituer sur une nouvelle base »

"دا کار کوی د دي پر ځای چي هغوی په نوی بنست جور کړی"

« Elle agit donc en contradiction avec toute l'expérience historique passée »

"بنابراین در تضاد با تمام تجربه های تاریخی گذشته عمل می کند"

À quoi se réduit cette accusation ?

این اتهام خود را به چه چیزی کاهش می دهد؟

L'histoire de toute la société passée a consisté dans le développement d'antagonismes de classe

تاریخ تمام جامعه گذشته شامل توسعه تضادهای طبقاتی بوده است

antagonismes qui ont pris des formes différentes selon les époques

تضادونه چي په مختلفو دورو کي مختلف شکلونه غوره کوی

Mais quelle que soit la forme qu'ils aient prise, un fait est commun à tous les âges passés

اما هر شکلی که آنها به خود گرفته اند ، یک حقیقت در تمام اعصار گذشته مشترک است

l'exploitation d'une partie de la société par l'autre

استثمار یک بخش از جامعه توسط بخش دیگر

Il n'est donc pas étonnant que la conscience sociale des âges passés se meuve à l'intérieur de certaines formes communes ou d'idées générales

پس جای تعجب نیست که آگاهی اجتماعی اعصار گذشته در درون برخی از اشکال مشترک یا نظریات عمومی حرکت می کند

(et ce, malgré toute la multiplicité et la variété qu'il affiche)

(او دا د تولو کثرت او تنوع سره سره چي دا ښکاره کوی)

et ceux-ci ne peuvent disparaître complètement qu'avec la disparition totale des antagonismes de classe

و اینها نمی توانند به طور کامل از بین بروند مگر با از بین رفتن کامل تضادهای طبقاتی

La révolution communiste est la rupture la plus radicale avec les rapports de propriété traditionnels

انقلاب کمونیستی با روابط سنتی مالکیت بسیار رادیکال است

Il n'est donc pas étonnant que son développement implique la rupture la plus radicale avec les idées traditionnelles

جای تعجب نیست که توسعه آن شامل جدایی بسیار رادیکال با ایده های سنتی است

Mais finissons-en avec les objections de la bourgeoisie contre le communisme

اما اجازه دهید با اعتراضات بورژوازی به کمونیزم کار کنیم

Nous avons vu plus haut le premier pas de la révolution de la classe ouvrière

ما در بالا شاهد اولین قدم در انقلاب طبقه کارگر بودیم

Le prolétariat doit être élevé à la position de dirigeant, pour gagner la bataille de la démocratie

پرولتاریا باید به مقام حاکمیت برسد ، تا در نبرد دموکراسی پیروز شود

Le prolétariat usera de sa suprématie politique pour arracher peu à peu tout le capital à la bourgeoisie

پرولتاریا از برتری سیاسی خود استفاده خواهد کرد تا به تدریج تمام سرمایه را از بورژوازی بگیرد

elle centralisera tous les instruments de production entre les mains de l'État

دا به د تولید تول وسایل د دولت په لاس کې متمرکز کړی

En d'autres termes, le prolétariat s'est organisé en classe dominante

به عبارت دیگر ، پرولتاریا به عنوان طبقه حاکم سازمان یافت

et elle augmentera le plus rapidement possible le total des forces productives

او دا به د تولیدی قوتونو تول په چټکی سره لوړ کړی

Bien sûr, au début, cela ne peut se faire qu'au moyen d'incursions despotiques dans les droits de propriété

البته ، در ابتدا ، این امر نمی تواند انجام شود مگر از طریق تجاوز استبدادی به حقوق مالکیت

et elle doit être réalisée dans les conditions de la production bourgeoise

او باید د بورژوازی د تولید په شرایطو کې ترلاسه شی

Elle est donc réalisée au moyen de mesures qui semblent économiquement insuffisantes et intenables

له دي امله ، دا د هغو اقداماتو له لاري تر لاسه کیږی چي له اقتصادی
پلوه ناکافی او ناقابل دفاع بنکاری

mais ces moyens, dans le cours du mouvement, se dépassent
d'eux-mêmes

اما این وسایل ، در جریان جنبش ، از خود پیشی می گیرند

elles nécessitent de nouvelles incursions dans l'ancien ordre
social

دوی په زاره تولنیز نظم کې د نورو بریدونو ارتیا لری

et ils sont inévitables comme moyen de révolutionner
entièrement le mode de production

و آنها به عنوان یک وسیله برای انقلاب کامل در شیوه تولید اجتناب
ناپذیر هستند

Ces mesures seront bien sûr différentes selon les pays

البته دا اقدامات به په بیلابیلو هیوادونو کې توپیر ولری

Néanmoins, dans les pays les plus avancés, ce qui suit sera
assez généralement applicable

با این حال ، در پیشرفته ترین کشورها ، موارد زیر به طور کلی قابل
اجرا خواهد بود

1. L'abolition de la propriété foncière et l'affectation de
toutes les rentes foncières à des fins publiques.

1ـ د خُمکی د ملکیت لغوه کول او د خُمکی د تولو کرایی د عامه اهدافو
لپاره استعمال۔

2. Un impôt sur le revenu progressif ou progressif lourd.

2ـد عایداتو درانه تدریجی یا تدریجی مالیه ۔

3. Abolition de tout droit d'héritage.

3ـد وراثت د تولو حقونو لغوه ۔

4. Confiscation des biens de tous les émigrés et rebelles.

4ـ مصادره اموال تمام مهاجرین و شورشیان ۔

5. Centralisation du crédit entre les mains de l'État, au
moyen d'une banque nationale à capital d'État et monopole
exclusif.

5ـ تمرکز اعتبار در دست دولت ، از طریق یک بانک ملی با سرمایه
دولتی و انحصار انحصاری۔

6. Centralisation des moyens de communication et de
transport entre les mains de l'État.

6ـ د مخابراتو او ترانسپورت د وسایلو مرکزیت د دولت په لاس کی ۔

7. Extension des usines et des instruments de production appartenant à l'État

7ـ د فابریکو او تولیدی وسایلو پراخول چی د دولت ملکیت دی

la mise en culture des terres incultes, et l'amélioration du sol en général d'après un plan commun.

د ویجار څمکو کرلو ته راورل ، او د څاوري ښه والی په عمومی توګه د یو ګډ پلان سره سم۔

8. Responsabilité égale de tous vis-à-vis du travail

۸ـد کار په وراندي د تولو مساوی مسؤلیت

Mise en place d'armées industrielles, notamment pour l'agriculture.

د صنعتی لښکرو جورول ، په ځانګړي توګه د زراعت لپاره۔

9. Combinaison de l'agriculture et des industries manufacturières

9ـد زراعت او تولیدی صنایعو ترکیب

l'abolition progressive de la distinction entre la ville et la campagne, par une répartition plus égale de la population sur le territoire.

په تدریجی توګه د ښار او هېواد تر منځ د توپیر له منځه ورل ، په هېواد کي د نفوسو د زیاتی مساوی وېش۔

10. Gratuité de l'éducation pour tous les enfants dans les écoles publiques.

10- په دولتی ښوونځیو کي د تولو ماشومانو لپاره وریا زده کړه ۔

Abolition du travail des enfants dans les usines sous sa forme actuelle

د ماشومانو په فابریکه کي د کار له منځه ورل په اوسنی شکل کي

Combinaison de l'éducation et de la production industrielle

د ښووني او روزني او صنعتی تولید ترکیب

Quand, au cours du développement, les distinctions de classe ont disparu

هنګامی که در جریان توسعه ، تفاوت های طبقاتی از بین رفته اند

et quand toute la production aura été concentrée entre les mains d'une vaste association de toute la nation

او کله چی تول تولیدات د تول ملت د یوې پراخي تولنی په لاس کي متمرکز شی

alors la puissance publique perdra son caractère politique

په دې وخت کې به عامه واك خپل سياسي خصلت له لاسه ورکړي۔

Le pouvoir politique, proprement dit, n'est que le pouvoir organisé d'une classe pour en opprimer une autre

قدرت سياسی ، که به درستی به اصطلاح ناميده می شود ، فقط قدرت سازمان يافته يک طبقه برای سرکوب طبقه ديگر است

Si le prolétariat, dans sa lutte contre la bourgeoisie, est contraint, par la force des choses, de s'organiser en classe

اگر پرولتاريا در جريان رقابت با بورژوازی مجبور به سازماندهی خود به عنوان يک طبقه باشد

si, par une révolution, elle se fait la classe dominante

اگر با استفاده از يک انقلاب ، خود را به طبقه حاکم تبديل کند

et, en tant que telle, elle balaie par la force les anciennes conditions de production

و به اين ترتيب ، شرايط قديمی توليد را به زور جارو می کند

alors, avec ces conditions, elle aura balayé les conditions d'existence des antagonismes de classes et des classes en général

در اين صورت ، همراه با اين شرايط ، شرايط وجود تضادهای طبقاتی و طبقات به طور کلی را از بين خواهد برد

et aura ainsi aboli sa propre suprématie en tant que classe.

او په دې توګه به د دیوه طبقي په توګه خپل برتري له منځه یوسي۔

A la place de l'ancienne société bourgeoise, avec ses classes et ses antagonismes de classes, nous aurons une association

به جای جامعه بورژوازی قديمی ، با طبقات و تضادهای طبقاتی آن ، ما بايد يک انجمن داشته باشيم

une association dans laquelle le libre développement de chacun est la condition du libre développement de tous

هغه تولنه چي په هغه کي د هر يوه ازاد پرمختګ شرط د تولو د آزادي پرمختګ شرط وی

1) Le socialisme réactionnaire

ارتجاعی سوسیالیزم

a) Le socialisme féodal

الف   (فیودالی سوسیالیزم

les aristocraties de France et d'Angleterre avaient une
position historique unique

د فرانسی او انګلستان اشرافیانو یو ځانګړی تاریخی موقف درلود

c'est devenu leur vocation d'écrire des pamphlets contre la
société bourgeoise moderne

این وظیفه آنها شد تا رساله هایی علیه جامعه بورژوازی مدرن بنویسند

Dans la révolution française de juillet 1830 et dans
l'agitation réformiste anglaise

در انقلاب فرانسه در جولای 1830 ، و در تحریک اصلاحات انگلستان

Ces aristocraties succombèrent de nouveau à l'odieux
parvenu

این اشراف دوباره تسلیم نفرت انگیز تازه کار شدند

Dès lors, il n'était plus question d'une lutte politique
sérieuse

له هغه وروسته ، یوه جدی سیاسی سیالی په بشپړه توګه د پوښتنې وړ نه
وه

Tout ce qui restait possible, c'était une bataille littéraire, pas
une véritable bataille

تنها چیزی که ممکن بود ادبی مبارزه بود ، نه یک جنگ واقعی

Mais même dans le domaine de la littérature, les vieux cris
de la période de la restauration étaient devenus impossibles

اما حتی در حوزه ادبیات ، فریادهای قدیمی دوره ترمیم ناممکن شده بود

Pour s'attirer la sympathie, l'aristocratie était obligée de
perdre de vue, semble-t-il, ses propres intérêts

د خواخوږی د راپارولو لپاره ، اشرافیان مجبور وو چی ظاهراً د خپلو
ګټو څخه سترګی پټی کړی

et ils ont été obligés de formuler leur réquisitoire contre la
bourgeoisie dans l'intérêt de la classe ouvrière exploitée

و آنها مجبور شدند تا اتهامات خود را علیه بورژوازی به نفع طبقه
کارگر استثمار شده تنظیم کنند

C'est ainsi que l'aristocratie prit sa revanche en chantant des pamphlets sur son nouveau maître

په دې توګه اشرافيانو خپل انتقام د خپل نوی بادار په سندرو ويلو سره واخيست

et ils prirent leur revanche en lui murmurant à l'oreille de sinistres prophéties de catastrophe à venir

او د هغه په غوږونو کې يې د راتلونکي فاجعې شوم وراندويني په زمزمه کولو سره خپل انتقام واخيست

C'est ainsi qu'est né le socialisme féodal : moitié lamentation, moitié moquerie

به اين ترتيب سوسياليزم فيودالی به وجود آمد  :نيم مرثيه ، نيم تمسخر

Il sonnait comme un demi-écho du passé, et projetait une demi-menace de l'avenir

دا د تېر وخت د نيمايی انعکاس په څېر غږېده، او د راتلونکي نيمه ګواښ يې وراندوينه کړي وه

parfois, par sa critique acerbe, spirituelle et incisive, il frappait la bourgeoisie au plus profond de lui-même

گاهی اوقات ، با انتقاد تلخ ، شوخ و قاطع ، بورژوازی را تا قلب ضربه می زد

mais elle a toujours été ridicule dans son effet, par l'incapacité totale de comprendre la marche de l'histoire moderne

اما اين هميشه در اثر خود مضحک بود ، از طريق ناتوانی کامل در درک مارش تاريخ مدرن

L'aristocratie, pour rallier le peuple à elle, agitait le sac d'aumône prolétarien en guise de bannière

اشراف ، برای اينکه مردم را به سمت خود بسيج کنند ، کيسه صدقه پرولتاريا را در مقابل يک پرچم تکان دادند

Mais le peuple, toutes les fois qu'il se joignait à lui, voyait sur son arrière-train les anciennes armoiries féodales

خو کله چې خلکو له دوی سره يوځای کېده ، په شا يې د فيودال زاړه نښان وليدل

et ils désertèrent avec des rires bruyants et irrévérencieux

او هغوی په لوړ اواز او بې احترامی خندا پرېښنودل

Une partie des légitimistes français et de la « Jeune Angleterre » offrit ce spectacle

د فرانسوی لژیتیمیستانو او "خوان انګلستان "یوه برخه دا ننداره ننداري ته وراندي کړه

les féodaux ont fait remarquer que leur mode d'exploitation était différent de celui de la bourgeoisie

فیودالیستانو اشاره وکړه چې د هغوی د استثمار طریقه له بورژوازی سره توپیر لری

Les féodaux oublient qu'ils ont exploité dans des circonstances et des conditions tout à fait différentes

فیودالیست ها فراموش می کنند که آنها در شرایط و شرایطی که کاملا متفاوت بودند ، استثمار کردند

Et ils n'ont pas remarqué que de telles méthodes d'exploitation sont maintenant désuètes

و آنها متوجه نشدند که چنین روش های استثمار اکنون کهنه شده اند

Ils ont montré que, sous leur domination, le prolétariat moderne n'a jamais existé

آنها نشان دادند که تحت حاکمیت آنها ، پرولتاریای مدرن هرگز وجود نداشته است

mais ils oublient que la bourgeoisie moderne est le produit nécessaire de leur propre forme de société

اما آنها این را فراموش می کنند که بورژوازی مدرن فرزندان ضروری جامعه خود است

Pour le reste, ils dissimulent à peine le caractère réactionnaire de leur critique

برای بقیه ، آنها به سختی شخصیت ارتجاعی انتقاد خود را پنهان می کنند

Leur principale accusation contre la bourgeoisie se résume à ceci

: د بورژوازی په وراندې د هغوی اصلی اتهام په لاندې ډول دی

sous le régime bourgeois, une classe sociale se développe

تحت رژیم بورژوازی یک طبقه اجتماعی در حال توسعه است

Cette classe sociale est destinée à découper de fond en comble l'ancien ordre de la société

د دي تولنیز طبقي تقدیر دا دی چې د تولنې زاړه نظم ریښې او ځانګی له منځه یوسی

Ce qu'ils reprochent à la bourgeoisie, ce n'est pas tant qu'elle crée un prolétariat

چیزی که آنها بورژوازی را با آن سرزنش می کنند آنقدر نیست که پرولتاریا ایجاد کند

ce qu'ils reprochent à la bourgeoisie, c'est plutôt de créer un prolétariat révolutionnaire

آنچه که آنها بورژوازی را با آن سرزنش می کنند ، بیشتر از این است که یک پرولتاریای انقلابی ایجاد می کند

Dans la pratique politique, ils se joignent donc à toutes les mesures coercitives contre la classe ouvrière

بنابراین ، در عمل سیاسی ، آنها در تمام اقدامات اجباری علیه طبقه کارگر شرکت می کنند

Et dans la vie ordinaire, malgré leurs phrases hautaines, ils s'abaissent à ramasser les pommes d'or tombées de l'arbre de l'industrie

او په عادی ژوند کې ، د خپلو لورو جملو سره سره ، هغوی ټیټیږی او د صنعت له ونې څخه غورځول شوی طلایی مڼي را پورته کوی

et ils troquent la vérité, l'amour et l'honneur contre le commerce de la laine, du sucre de betterave et de l'eau-de-vie de pommes de terre

او هغوی ربنتیا ، مینه او درناوی په وریو ، چغندر بوره او د کچالو په ارواح کې د سوداگری په بدل کې تبادله کوی

De même que le pasteur a toujours marché main dans la main avec le propriétaire foncier, il en a été de même du socialisme clérical et du socialisme féodal

، همانطور که کشیش همیشه با زمیندار دست در دست رفته است روحانیون سوسیالیزم با سوسیالیزم فیودالی نیز همین کار را کرده است

Rien n'est plus facile que de donner à l'ascétisme chrétien une teinte socialiste

هیچ چیز آسان تر از این نیست که به ریاضت مسیحی یک رنگ سوسیالیستی بدهیم

Le christianisme n'a-t-il pas déclamé contre la propriété privée, contre le mariage, contre l'État ?

آیا مسیحیت علیه مالکیت خصوصی ، ازدواج ، علیه دولت ادعا نکرده است ؟

Le christianisme n'a-t-il pas prêché à la place de la charité et de la pauvreté ?

آیا مسیحیت به جای اینها ، صدقه و فقر تبلیغ نکرده است ؟

Le christianisme ne prêche-t-il pas le célibat et la mortification de la chair, de la vie monastique et de l'Église mère ?

آیا مسیحیت تجرد و مرگ جسم، رهبانیت زندگی و کلیسای مادر را تبلیغ نمی کند؟

Le socialisme chrétien n'est que l'eau bénite avec laquelle le prêtre consacre les brûlures du cœur de l'aristocrate

مسیحی سوسیالیزم یوازي هغه سپېڅلی اوبه دی چې کشیش د اشراف د زړه سوځوني تقدیس کوی

## b) Le socialisme petit-bourgeois

ب (خرده بورژوازی سوسیالیزم

L'aristocratie féodale n'est pas la seule classe ruinée par la bourgeoisie

فیودالی اشرافیت یوازینی طبقه نه وه چی د بورژوازی له خوا تباه شوه

ce n'était pas la seule classe dont les conditions d'existence languissaient et périssaient dans l'atmosphère de la société bourgeoise moderne

این تنها طبقه ای نبود که شرایط وجودش در فضای مدرن بورژوازی جامعه نابود و از بین رفت

Les bourgeois médiévaux et les petits propriétaires paysans ont été les précurseurs de la bourgeoisie moderne

د منځنیو پیریو بورګس او کوچنی دهقانان مالکان د معاصر بورژوازی مخکښان وو

Dans les pays peu développés, tant au point de vue industriel que commercial, ces deux classes végètent encore côte à côte

در آن کشورها که از نظر صنعتی و تجاری کمی توسعه یافته اند ، این دو طبقه هنوز هم در کنار هم رشد می کنند

et pendant ce temps, la bourgeoisie se lève à côté d'eux : industriellement, commercialement et politiquement

، و در عین حال بورژوازی در کنار آنها قیام می کند :از نظر صنعتی تجاری و سیاسی

Dans les pays où la civilisation moderne s'est pleinement développée, une nouvelle classe de petite bourgeoisie s'est formée

در کشورهایی که تمدن مدرن به طور کامل توسعه یافته است ، یک طبقه جدید از خرده بورژوازی شکل گرفته است

cette nouvelle classe sociale oscille entre le prolétariat et la bourgeoisie

این طبقه جدید اجتماعی بین پرولتاریا و بورژوازی در نوسان است

et elle se renouvelle sans cesse en tant que partie supplémentaire de la société bourgeoise

او تل د بورژوازی تولنی د یوی تکمیلی برخی په توګه خپل ځان تجدید کوی

Cependant, les membres individuels de cette classe sont constamment précipités dans le prolétariat

با این حال ، افراد انفرادی این طبقه دائما به پرولتاریا پرتاب می شوند

ils sont aspirés par le prolétariat par l'action de la concurrence

آنها توسط پرولتاریا از طریق رقابت مکیده می شوند

Au fur et à mesure que l'industrie moderne se développe, ils voient même approcher le moment où ils disparaîtront complètement en tant que section indépendante de la société moderne

همانطور که صنعت مدرن پیشرفت می کند ، آنها حتی می بینند که لحظه ای نزدیک می شود که آنها به طور کامل به عنوان یک بخش مستقل از جامعه مدرن ناپدید می شوند

ils seront remplacés, dans les manufactures, l'agriculture et le commerce, par des surveillants, des huissiers et des boutiquiers

د هغوی ځای به د تولیداتو ، زراعت او سوداگری په برخه کی د څارونکو ، وکیلانو او دوکاندارانو لخوا ونیول شی

Dans des pays comme la France, où les paysans représentent bien plus de la moitié de la population

در کشورهایی مانند فرانسه ، جایی که دهقانان بیش از نیمی از جمعیت را تشکیل می دهند

il était naturel qu'il y ait des écrivains qui se rangent du côté du prolétariat contre la bourgeoisie

طبیعی بود که نویسندگانی وجود دارند که در مقابل بورژوازی در کنار پرولتاریا قرار گرفتند

dans leur critique du régime bourgeois, ils utilisaient l'étendard de la bourgeoisie paysanne et de la petite bourgeoisie

آنها در انتقاد خود از رژیم بورژوازی از معیار دهقان و خرده بورژوازی استفاده کردند

et, du point de vue de ces classes intermédiaires, ils prennent le relais de la classe ouvrière

و از نقطه نظر این طبقات متوسط ، آنها برای طبقه کارگر چماق را به دست می گیرند

C'est ainsi qu'est né le socialisme petit-bourgeois, dont Sismondi était le chef de cette école, non seulement en France, mais aussi en Angleterre

په دې توګه کوچنی بورژوازی سوسیالیزم رامنځ ته شو ، چې سیسموندی نه یوازي په فرانسه کې بلکي په انګلستان کې هم د دي مکتب مشر و

Cette école du socialisme a disséqué avec une grande acuité les contradictions des conditions de la production moderne

این مکتب سوسیالیزم با شدت تضادهای شرایط تولید مدرن را تشریح کرد

Cette école a mis à nu les excuses hypocrites des économistes

دي مکتب د اقتصاد پوهانو ریاکارانه بخښنه بربنده کړه

Cette école prouva sans conteste les effets désastreux du machinisme et de la division du travail

این مکتب ، بدون شک ، اثرات فاجعه آمیز ماشین آلات و تقسیم کار را ثابت کرد

elle prouvait la concentration du capital et de la terre entre quelques mains

دا ثابته کړه چې د پانګې او خُمکي تمرکز په څو لاسونو کې دی

elle a prouvé comment la surproduction conduit à des crises bourgeoises

این ثابت کرد که چگونه تولید بیش از حد منجر به بحران بورژوازی می شود

il soulignait la ruine inévitable de la petite bourgeoisie et des paysans

این به نابودی اجتناب ناپذیر خرده بورژوازی و دهقانان اشاره می کرد

la misère du prolétariat, l'anarchie de la production, les inégalités criantes dans la répartition des richesses

بدبختی پرولتاریا ، هرج و مرج در تولید ، نابرابری های فریاد در توزیع ثروت

Il a montré comment le système de production mène la guerre industrielle d'extermination entre les nations

دا وبنودله چې څنګه د تولید سیستم د ملتونو تر منځ د نابودی صنعتی جنګ رهبری کوی

la dissolution des vieux liens moraux, des vieilles relations familiales, des vieilles nationalités

انحلال پیوندهای اخلاقی قدیمی ، روابط خانوادگی قدیمی ، ملیت های قدیمی

Dans ses objectifs positifs, cependant, cette forme de
socialisme aspire à réaliser l'une des deux choses suivantes

با این حال ، در اهداف مثبت خود ، این شکل از سوسیالیزم آرزو دارد
که یکی از دو چیز را بدست آورد

soit elle vise à restaurer les anciens moyens de production et
d'échange

یا هم هدف یی د تولید او تبادلي زاره وسایل دی

et avec les anciens moyens de production, elle rétablirait les
anciens rapports de propriété et l'ancienne société

و با استفاده از وسایل تولید قدیمی ، روابط مالکیت قدیمی و جامعه قدیمی
را احیا می کند

ou bien elle vise à enfermer les moyens modernes de
production et d'échange dans l'ancien cadre des rapports de
propriété

یا هدف آن این است که وسایل تولید و مبادله مدرن را در چارچوب
قدیمی روابط مالکیت محدود کند

Dans un cas comme dans l'autre, elle est à la fois
réactionnaire et utopique

در هر صورت ، هم ارتجاعی و هم اتوپیایی است

Ses derniers mots sont : guildes corporatives pour la
fabrication, relations patriarcales dans l'agriculture

آخرین کلمات آن عبارتند از :انجمن های شرکتی برای تولید ، روابط
پدرسالارانه در زراعت

En fin de compte, lorsque les faits historiques obstinés ont
dispersé tous les effets enivrants de l'auto-tromperie

در نهایت ، زمانی که سرسخت تاریخی حقایق تمام اثرات مست کننده
خود فریبی را تیت و پرک کرده بود

cette forme de socialisme se termina par un misérable accès
de pitié

این شکل از سوسیالیزم در یک بدبختی ترحم به پایان رسید

## c) Le socialisme allemand, ou « vrai »

ج (آلمانى ، يا "حقيقى "، سوسياليزم

La littérature socialiste et communiste de France est née sous la pression d'une bourgeoisie au pouvoir

ادبيات سوسياليستى و كمونيستى فرانسه تحت فشار بورژوازى در قدرت سرچشمه گرفت

Et cette littérature était l'expression de la lutte contre ce pouvoir

او دغه ادب د دي قدرت په وراندي د مبارزي خُرگندونه وه.

elle a été introduite en Allemagne à une époque où la bourgeoisie venait de commencer sa lutte contre l'absolutisme féodal

اين كشور در زمانى به آلمان معرفى شد كه بورژوازى تازه رقابت خود را با استبداد فيودالى آغاز كرده بود

Les philosophes allemands, les prétendus philosophes et les beaux esprits, s'emparèrent avidement de cette littérature

آلمانى فيلسوفان ، فيلسوفان احتمالى ، و زيبايى ها ، با اشتياق اين ادبيات را به دست آوردند

mais ils oubliaient que les écrits avaient émigré de France en Allemagne sans apporter avec eux les conditions sociales françaises

خو هغوى دا هير كرل چى ليكنى له فرانسي ځخه آلمان ته مهاجر شوى دى ، پرته له دي چى د فرانسي تولنيز شرايط له ځان سره راوړى

Au contact des conditions sociales allemandes, cette littérature française perd toute sa signification pratique immédiate

در تماس با شرايط اجتماعى آلمان ، اين ادبيات فرانسوى تمام اهميت عملى خود را از دست داد

et la littérature communiste de France a pris un aspect purement littéraire dans les cercles académiques allemands

و ادبيات كمونيستى فرانسه در محافل علمى آلمان يك جنبه خالص ادبى به خود گرفت

Ainsi, les exigences de la première Révolution française n'étaient rien d'autre que les exigences de la « raison pratique »

بنابراین ، خواسته های انقلاب اول فرانسه چیزی بیش از خواسته های
عقل عملی "نبود"

et l'expression de la volonté de la bourgeoisie française
révolutionnaire signifiait à leurs yeux la loi de la volonté
pure

او د فرانسي انقلابي بورژوازي د ارادي بيان د هغوی په سترګو کي د
خالص ارادي قانون دلالت کاوه

il signifiait la Volonté telle qu'elle devait être ; de la vraie
Volonté humaine en général

دا د ارادي دلالت کوی لکه څنګه چي باید وی. په عمومی توګه د حقیقی
انسانی ارادي

Le monde des lettrés allemands ne consistait qu'à mettre les
nouvelles idées françaises en harmonie avec leur ancienne
conscience philosophique

جهان ادبیات آلمانی تنها شامل آوردن ایده های جدید فرانسوی با وجدان
قدیمی فلسفی آنها بود

ou plutôt, ils ont annexé les idées françaises sans déserter
leur propre point de vue philosophique

یا بهتر است بگوییم ، آنها ایده های فرانسوی را بدون ترک دیدگاه فلسفی
خود ضمیمه کردند

Cette annexion s'est faite de la même manière que l'on
s'approprie une langue étrangère, c'est-à-dire par la
traduction

این الحاق به همان شیوه صورت گرفت که در آن یک زبان خارجی
اختصاص داده می شود ، یعنی از طریق ترجمه

Il est bien connu comment les moines ont écrit des vies
stupides de saints catholiques sur des manuscrits

دا مشهوره ده چي راهبانو څنګه د کاتولیک مقدسینو احمقانه ژوند د
نسخو په اړه لیکلی

les manuscrits sur lesquels les œuvres classiques de l'ancien
paganisme avaient été écrites

هغه نسخي چي د لرغونی کافرانو کلاسیکي کارونه پري لیکل شوی وو

Les lettrés allemands ont inversé ce processus avec la
littérature française profane

آلمانی ادبیات این روند را با ادبیات ناپاک فرانسوی معکوس کرد

Ils ont écrit leurs absurdités philosophiques sous l'original
français

آنها مزخرفات فلسفی خود را زیر اصل فرانسوی نوشتند

Par exemple, sous la critique française des fonctions
économiques de l'argent, ils ont écrit « L'aliénation de
l'humanité »

به عنوان مثال ، در زیر انتقاد فرانسوی از وظایف اقتصادی پول ، آنها
نوشتند  "بیگانگی بشریت "

au-dessous de la critique française de l'État bourgeois, ils
écrivaient « détrônement de la catégorie du général »

در زیر انتقاد فرانسوی از دولت بورژوازی ، آنها نوشتند  "خلع طبقه
بندی جنرال "

L'introduction de ces phrases philosophiques à la fin des
critiques historiques françaises qu'ils ont baptisées :

مقدمه این عبارات فلسفی در پشت انتقادات تاریخی فرانسه آنها نامیده اند:

« Philosophie de l'action », « Vrai socialisme », « Science
allemande du socialisme », « Fondement philosophique du
socialisme », etc

فلسفه عمل "، "سوسیالیزم واقعی "، "علم سوسیالیزم آلمانی "، "بنیاد"
فلسفی سوسیالیسم "و غیره

La littérature socialiste et communiste française est ainsi
complètement émasculée

په دې توګه د فرانسی سوسیالیستی او کمونیستی ادبیات په بشپړه توګه
کمزوری شو

entre les mains des philosophes allemands, elle cessa
d'exprimer la lutte d'une classe contre l'autre

در دست فیلسوفان آلمانی ، از بیان مبارزه یک طبقه با طبقه دیگر دست
کشید

et c'est ainsi que les philosophes allemands se sentaient
conscients d'avoir surmonté « l'unilatéralité française »

و بنابراین فیلسوفان آلمانی احساس می کردند که بر  "یک طرفه
فرانسوی "غلبه کرده اند

Il n'avait pas à représenter de vraies exigences, mais plutôt
des exigences de vérité

لازم نبود که تقاضاهای واقعی را نمایندگی کند ، بلکه ، این تقاضاهای
حقیقت را نمایندگی می کرد

il n'y avait pas d'intérêt pour le prolétariat, mais plutôt pour la nature humaine

پرولتاریا علاقه ای به پرولتاریا وجود نداشت ، بلکه علاقه به طبیعت انسانی وجود داشت

l'intérêt était dans l'Homme en général, qui n'appartient à aucune classe et n'a pas de réalité

علاقه به انسان به طور کلی بود ، که به هیچ طبقه ای تعلّق ندارد و هیچ واقعیت ندارد

un homme qui n'existe que dans le royaume brumeux de la fantaisie philosophique

یو سړی چې یوازي د فلسفی خیالی په مه آلود قلمرو کې وجود لري

mais finalement, ce socialisme allemand d'écolier perdit aussi son innocence pédante

اما بالاخره این دانش آموز آلمانی سوسیالیزم نیز معصومیت خود را از دست داد

la bourgeoisie allemande, et surtout la bourgeoisie prussienne, luttait contre l'aristocratie féodale

بورژوازی آلمان ، و به ویژه بورژوازی پروس علیه اشرافیت فیودالی مبارزه کردند

la monarchie absolue de l'Allemagne et de la Prusse était également combattue

سلطنت مطلقه آلمان و پروس نیز علیه آن مبارزه می کرد

Et à son tour, la littérature du mouvement libéral est également devenue plus sérieuse

و به نوبه خود ، ادبیات جنبش لیبرال نیز جدی تر شد

L'Allemagne a eu l'occasion longtemps souhaitée par le « vrai » socialisme de se voir offrir

فرصت آلمان برای سوسیالیسم "واقعی "ارائه شد

l'occasion de confronter le mouvement politique aux revendications socialistes

فرصت مقابله با جنبش سیاسی با خواسته های سوسیالیستی

l'occasion de jeter les anathèmes traditionnels contre le libéralisme

فرصت برای پرتاب عنعنات سنتی علیه لیبرالیزم

l'occasion d'attaquer le gouvernement représentatif et la concurrence bourgeoise

فرصت حمله به نماینده دولت و رقابت بورژوازی

Liberté de la presse bourgeoise, législation bourgeoise,
liberté et égalité bourgeoise

بورژوازی آزادی مطبوعات ، بورژوازی قانون گذاری ، بورژوازی
آزادی و برابری

Tout cela pourrait maintenant être critiqué dans le monde
réel, plutôt que dans la fantaisie

دا ټول اوس کیدای شی په حقیقی نړۍ کې نقد شی، نه په خیالی

L'aristocratie féodale et la monarchie absolue prêchaient
depuis longtemps aux masses

فیودالی اشرافیت او مطلقه سلطنت له اوږدي مودي راهیسي خلکو ته
موعظه کړي وه

« L'ouvrier n'a rien à perdre, et il a tout à gagner »

کارګر د لاسه ورکولو لپاره څه نه لری ، او هغه هر څه لری چې"
"تر لاسه یې کړی

le mouvement bourgeois offrait aussi une chance de se
confronter à ces platitudes

جنبش بورژوازی نیز یک فرصت برای مقابله با این مبتذل ها را فراهم
کرد

la critique française présupposait l'existence d'une société
bourgeoise moderne

انتقاد فرانسوی وجود جامعه مدرن بورژوازی را از پیش فرض می کرد

Conditions économiques d'existence de la bourgeoisie et
constitution politique de la bourgeoisie

د بورژوازی اقتصادی شرایط او بورژوازی سیاسی اساسی قانون

les choses mêmes dont la réalisation était l'objet de la lutte
imminente en Allemagne

همان چیز هایی که دستیابی به آنها هدف مبارزه در آلمان بود

L'écho stupide du socialisme en Allemagne a abandonné ces
objectifs juste à temps

انعکاس احمقانه سوسیالیزم آلمان این اهداف را در زمان مناسب رها کرد

Les gouvernements absolus avaient leur suite de pasteurs,
de professeurs, d'écuyers de campagne et de fonctionnaires

مطلق حکومتونه د کشیشانو ، پروفیسورانو ، د هېواد د مقاماتو او
چارواکو پیروان درلودل

le gouvernement de l'époque a répondu aux soulèvements
de la classe ouvrière allemande par des coups de fouet et des
balles

دولت وقت با شورش های طبقه کارگر آلمان با شلاق و مرمی روبرو شد

pour eux, ce socialisme était un épouvantail bienvenu contre
la bourgeoisie menaçante

برای آنها این سوسیالیزم به عنوان یک مترسک خوشایند علیه
بورژوازی تهدید کننده خدمت کرد

et le gouvernement allemand a pu offrir un dessert sucré
après les pilules amères qu'il a distribuées

و دولت آلمان توانست بعد از قرص های تلخ که توزیع می کرد ، یک
شیرینی شیرین ارائه کند

ce « vrai » socialisme servait donc aux gouvernements
d'arme pour combattre la bourgeoisie allemande

به این ترتیب این سوسیالیسم "واقعی "به عنوان سلاحی برای مبارزه با
بورژوازی آلمان به دولت ها خدمت کرد

et, en même temps, il représentait directement un intérêt
réactionnaire ; celle des Philistins allemands

او په عین حال کې یی نبغ په نبغه د ارتجاعی ګتو استازیتوب کاوه۔ د
جرمنی فلسطینیانو

En Allemagne, la petite bourgeoisie est la véritable base
sociale de l'état de choses actuel

در آلمان طبقه خرده بورژوازی اساس واقعی وضعیت موجود است

une relique du XVIe siècle qui n'a cessé de surgir sous
diverses formes

د شپارسمي پیړی یادګار چې په دوامداره توګه په مختلفو بڼو کې رامنځته
کیږی

Conserver cette classe, c'est préserver l'état de choses
existant en Allemagne

حفظ این طبقه به معنای حفظ وضعیت موجود در آلمان است

La suprématie industrielle et politique de la bourgeoisie
menace la petite bourgeoisie d'une destruction certaine

برتری صنعتی و سیاسی بورژوازی خرده بورژوازی را با نابودی
قطعی تهدید می کند

d'une part, elle menace de détruire la petite bourgeoisie par
la concentration du capital

از یک طرف تهدید می کند که خرده بورژوازی را از طریق تمرکز
سرمایه نابود خواهد کرد

d'autre part, la bourgeoisie menace de la détruire par
l'avènement d'un prolétariat révolutionnaire

از سوی دیگر ، بورژوازی تهدید می کند که از طریق ظهور یک
پرولتاریای انقلابی ، آن را نابود خواهد کرد

Le « vrai » socialisme semblait faire d'une pierre deux coups.
Il s'est répandu comme une épidémie

به نظر می رسید که سوسیالیزم "واقعی "این دو مرغ را با یک تیره می
کشد.دا د اپیدمی په څیر خپره شوه

La robe de toiles d'araignées spéculatives, brodée de fleurs
de rhétorique, trempée dans la rosée du sentiment maladif

، د قیاس لرونکو جالونو چپنه ، چی د بلاغت په ګلونو ګلدوزی شوي وه
د ناروغ احساساتو په شبنم کی ډوب شوی و

cette robe transcendantale dans laquelle les socialistes
allemands enveloppaient leurs tristes « vérités éternelles »

این ردای ماورایی که در آن سوسیالیستهای آلمان "حقایق ابدی "تاسف
بار خود را در آن پیچیده بودند

tout de peau et d'os, servaient à augmenter
merveilleusement la vente de leurs marchandises auprès
d'un public aussi

تول پوستکی او هډوکی ، په حیرانوونکی ډول د خپلو مالونو خرڅلاو په
داسی خلکو کی زیات کری

Et de son côté, le socialisme allemand reconnaissait de plus
en plus sa propre vocation

و از طرف خود ، سوسیالیسم آلمان ، بیشتر و بیشتر ، خواست خود را به
رسمیت شناخت

on l'appelait à être le représentant grandiloquent de la
petite-bourgeoisie philistine

به آن بلل می شد تا نماینده بمب افکن فلسطینیان خرده بورژوازی باشد

Il proclamait que la nation allemande était la nation modèle,
et le petit philistin allemand l'homme modèle

این ملت آلمان را به عنوان یک ملت نمونه اعلام کرد ، و آلمانی کوچک
فلسطینی نمونه مرد

À chaque méchanceté de cet homme modèle, elle donnait
une interprétation socialiste cachée, plus élevée

د دې مادل سرى هر شرارت ته يې يو پټ ، لور ، سوسياليستى تفسير
ورکړ

cette interprétation socialiste supérieure était l'exact
contraire de son caractère réel

این تفسیر عالی سوسیالیستی دقیقا برعکس خصلت اصلی آن بود

Il est allé jusqu'à s'opposer directement à la tendance «
brutalement destructrice » du communisme

"این امر تا حد زیادی پیش رفت که مستقیما با تمایل "وحشیانه مخرب
کمونیزم مخالفت کرد

et il proclamait son mépris suprême et impartial de toutes
les luttes de classes

و اعلام کرد که تمام مبارزات طبقاتی بسیار بی طرفانه و بی طرفانه است

À de très rares exceptions près, toutes les publications dites
socialistes et communistes qui circulent aujourd'hui (1847)
en Allemagne appartiennent au domaine de cette littérature
nauséabonde et énervante

به استثنای بسیار کمی ، تمام نشریات به اصطلاح سوسیالیستی و
کمونیستی که اکنون  )۱۸۴۷ (در آلمان به دست می آیند ، در حوزه این
ادبیات کثیف و تضعیف کننده قرار دارند

**2) Le socialisme conservateur ou le socialisme bourgeois**

محافظه کار سوسیالیزم ، یا بورژوازی سوسیالیزم

**Une partie de la bourgeoisie est désireuse de redresser les griefs sociaux**

د بورژوازی یوه برخه غواری تولنیز نارضایتی حل کړی

**afin d'assurer la pérennité de la société bourgeoise**

د دې لپاره چی د بورژوازی تولنی دوامداره موجودیت تضمین شی

**C'est à cette section qu'appartiennent les économistes, les philanthropes, les humanitaires**

په دې برخه کې اقتصاد پوهان ، بشردوستانه ، بشردوستانه کارپوهان شامل دی

**améliorateurs de la condition de la classe ouvrière et organisateurs de la charité**

د کارگر طبقی د حالت د بنه کوونکی او د خیریه چارو تنظیموونکی

**membres des sociétés de prévention de la cruauté envers les animaux**

د حیواناتو سره د ظلم د مخنیوی د تولنو غړی

**fanatiques de la tempérance, réformateurs de toutes sortes imaginables**

متعصبین اعتدال ، هر نوع اصلاح طلبان از هر نوع قابل تصور

**Cette forme de socialisme a, d'ailleurs, été élaborée en systèmes complets**

علاوه بر این ، این شکل از سوسیالیزم به سیستم های کامل تبدیل شده است

**On peut citer la « Philosophie de la Misère » de Proudhon comme exemple de cette forme**

موږ کولای شو د پرودون "فلسفه د لا میسر "د دې بڼی د مثال په توگه راوړو

**La bourgeoisie socialiste veut tous les avantages des conditions sociales modernes**

سوسیالیست بورژوازی می خواهد تمام مزایای شرایط مدرن اجتماعی را بدست آورد

**mais la bourgeoisie socialiste ne veut pas nécessairement des luttes et des dangers qui en résultent**

اما سوسیالیست بورژوازی ضرورتا نمی خواهد که مبارزات و خطرات ناشی از آن را داشته باشد

Ils désirent l'état actuel de la société, sans ses éléments révolutionnaires et désintégrateurs

آنها خواهان وضعیت موجود جامعه هستند ، منهای عناصر انقلابی و تجزیه شده آن

c'est-à-dire qu'ils veulent une bourgeoisie sans prolétariat

به عبارت دیگر ، آنها آرزوی بورژوازی بدون پرولتاریا را دارند

La bourgeoisie conçoit naturellement le monde dans lequel elle est souveraine d'être la meilleure

بورژوازی په طبیعی توگه هغه نړی تصور کوی چی په هغه کی غوره دی

et le socialisme bourgeois développe cette conception confortable en divers systèmes plus ou moins complets

و بورژوازی سوسیالیزم این مفهوم راحت را در سیستم های مختلف کم و بیش کامل توسعه می دهد

ils voudraient beaucoup que le prolétariat marche droit dans la Nouvelle Jérusalem sociale

آنها بسیار دوست دارند که پرولتاریا مستقیما به سوی اورشلیم جدید اجتماعی حرکت کند

Mais en réalité, elle exige du prolétariat qu'il reste dans les limites de la société existante

اما در واقعیت این امر مستلزم آن است که پرولتاریا در محدوده جامعه موجود باقی بماند

ils demandent au prolétariat de se débarrasser de toutes ses idées haineuses sur la bourgeoisie

آنها از پرولتاریا می خواهند که تمام عقاید نفرت انگیز خود را در مورد بورژوازی کنار بگذارد

il y a une seconde forme plus pratique, mais moins systématique, de ce socialisme

یک شکل دوم بیشتر عملی ، اما کمتر سیستماتیک ، از این سوسیالیزم وجود دارد

Cette forme de socialisme cherchait à déprécier tout mouvement révolutionnaire aux yeux de la classe ouvrière

این شکل از سوسیالیزم تلاش می کرد تا هر جنبش انقلابی را در نظر طبقه کارگر کم ارزش کند

Ils soutiennent qu'aucune simple réforme politique ne
pourrait leur être d'un quelconque avantage

دوی استدلال کوی چی یوازی سیاسی اصلاحات به دوی ته ګټه نه وی

Seul un changement dans les conditions matérielles
d'existence dans les relations économiques est bénéfique

یوازی په اقتصادی اړیکو کې د موجودیت په مادی شرایطو کې بدلون
ګټور دی

Comme le communisme, cette forme de socialisme prône un
changement des conditions matérielles d'existence

د کمونیزم په څیر ، د سوسیالیزم دا شکل د وجود په مادی شرایطو کې د
بدلون پلوی کوی

Cependant, cette forme de socialisme ne suggère nullement
l'abolition des rapports de production bourgeois

با این حال ، این شکل از سوسیالیزم به هیچ وجه به معنای لغو روابط
تولیدی بورژوازی نیست

l'abolition des rapports de production bourgeois ne peut se
faire que par la révolution

از بین بردن روابط تولیدی بورژوازی تنها از طریق انقلاب امکان پذیر
است

Mais au lieu d'une révolution, cette forme de socialisme
suggère des réformes administratives

اما به جای انقلاب ، این شکل از سوسیالیزم ، اصلاحات اداری را
پیشنهاد می کند

et ces réformes administratives seraient fondées sur la
pérennité de ces relations

او دا اداری اصلاحات به د دی اړیکو د دوام پر بنسټ وی۔

réformes qui n'affectent en rien les rapports entre le capital
et le travail

بنابراین ، اصلاحات که به هیچ وجه بر روابط بین سرمایه و کار تأثیر
نمی گذارد

au mieux, de telles réformes réduisent le coût et simplifient
le travail administratif du gouvernement bourgeois

در بهترین حالت ، چنین اصلاحات هزینه را کاهش می دهد و کار اداری
دولت بورژوازی را ساده می کند

Le socialisme bourgeois atteint une expression adéquate
lorsque, et seulement lorsque, il devient une simple figure
de style

بورژوایی سوسیالیزم هغه وخت کافی بیان ترلاسه کوی ، کله چی او
یوازي هغه وخت چی یوازي د وینا شکل شی

Le libre-échange : au profit de la classe ouvrière

تجارت آزاد  :برای منافع طبقه کارگر

Les devoirs protecteurs : au profit de la classe ouvrière

حفاظتی دندي :د کارگر طبقی د گتی لپاره

Réforme pénitentiaire : au profit de la classe ouvrière

د زندانونو اصلاحات :د کارگر طبقی د گتی لپاره

C'est le dernier mot et le seul mot sérieux du socialisme
bourgeois

این آخرین کلمه و تنها کلمه جدی بورژوازی سوسیالیزم است

Elle se résume dans la phrase : la bourgeoisie est une
bourgeoisie au profit de la classe ouvrière

این عبارت در این جمله خلاصه می شود  :بورژوازی یک بورژوازی
است که به نفع طبقه کارگر است

## 3) Socialisme et communisme utopiques critiques

انتقادی یوتوپیایی سوسیالیزم و کمونیزم

Nous ne nous référons pas ici à la littérature qui a toujours donné la parole aux revendications du prolétariat

ما در اینجا به آن ادبیات اشاره نمی کنیم که همیشه به خواسته های پرولتاریا آواز داده است

cela a été présent dans toutes les grandes révolutions modernes, comme les écrits de Babeuf et d'autres

این در هر انقلاب بزرگ مدرن وجود داشته است ، مانند نوشته های بابوف و دیگران

Les premières tentatives directes du prolétariat pour parvenir à ses propres fins échouèrent nécessairement

اولین تلاش های مستقیم پرولتاریا برای رسیدن به اهداف خود لزوما ناکام ماند

Ces tentatives ont été faites dans des temps d'effervescence universelle, lorsque la société féodale était renversée

این تلاش ها در زمان هیجان جهانی انجام شد ، زمانی که جامعه فیودالی سرنگون می شد

L'état alors peu développé du prolétariat a conduit à l'échec de ces tentatives

دولت توسعه نیافته پرولتاریا در آن زمان منجر به ناکامی این تلاش ها شد

et ils ont échoué en raison de l'absence des conditions économiques pour son émancipation

و به دلیل نبود شرایط اقتصادی برای آزادی آن ناکام ماندند

conditions qui n'avaient pas encore été produites, et qui ne pouvaient être produites que par l'époque de la bourgeoisie

شرایطی که هنوز به وجود نیامده بود ، و می توانست تنها توسط دوره نزدیک بورژوازی ایجاد شود

La littérature révolutionnaire qui accompagnait ces premiers mouvements du prolétariat avait nécessairement un caractère réactionnaire

انقلابی ادبیات که با این اولین جنبش های پرولتاریا همراه بود ، ضرورتا دارای خصلت ارتجاعی بود

Cette littérature inculquait l'ascétisme universel et le nivellement social dans sa forme la plus grossière

دي ادب نړيوال زهد او تولنيز سطح په خام ترين شکل کی تلقين کر

Les systèmes socialistes et communistes, proprement dits,
naissent au début de la période sous-développée

سیستم های سوسیالیستی و کمونیستی ، که به درستی به اصطلاح نامیده
می شوند ، در اوایل دوره توسعه نیافته به وجود آمده اند

Saint-Simon, Fourier, Owen et d'autres, ont décrit la lutte
entre le prolétariat et la bourgeoisie (voir section 1)

سنت سیمون ، فوریه ، اوون و دیگران ، کشمکش بین پرولتاریا و
بورژوازی را توصیف کردند  )بخش اول را ببینید (

Les fondateurs de ces systèmes voient, en effet, les
antagonismes de classe

بنیانگذاران این سیستم ها ، در واقع ، تضادهای طبقاتی را می بینند

Ils voient aussi l'action des éléments en décomposition, dans
la forme dominante de la société

آنها همچنین عمل عناصر تجزیه کننده را در شکل غالب جامعه می بینند

Mais le prolétariat, encore à ses débuts, leur offre le
spectacle d'une classe sans aucune initiative historique

اما پرولتاریا ، که هنوز در مراحل ابتدایی خود است ، آنها را به یک
طبقه بدون ابتکار تاریخی ارائه می دهد

Ils voient le spectacle d'une classe sociale sans aucun
mouvement politique indépendant

هغوی د یوي تولنیزي طبقي ننداره وینی چی کوم خپلواک سیاسی حرکت
نه لری

Le développement de l'antagonisme de classe va de pair
avec le développement de l'industrie

د طبقاتی تضاد پراختیا د صنعت د پرمختگ سره همغږی ساتی

La situation économique ne leur offre donc pas encore les
conditions matérielles de l'émancipation du prolétariat

بنابراین وضعیت اقتصادی هنوز شرایط مادی را برای آزادی پرولتاریا
فراهم نمی کند

Ils cherchent donc une nouvelle science sociale, de nouvelles
lois sociales, qui doivent créer ces conditions

بنابراین آنها به دنبال یک علم اجتماعی جدید ، به دنبال قوانین جدید
اجتماعی هستند ، که این شرایط را ایجاد می کنند

l'action historique, c'est céder à leur action inventive
personnelle

تاریخی عمل دا دی چی خپل شخصی اختراعی عمل ته تسلیم شی

Les conditions d'émancipation créées historiquement
doivent céder la place à des conditions fantastiques

شرایط تاریخی ایجاد شده برای آزادی باید به شرایط خیالی تسلیم شود

et l'organisation de classe graduelle et spontanée du
prolétariat doit céder la place à l'organisation de la société

و تدریجی ، خود به خودی طبقاتی سازمان پرولتاریا ، تسلیم شدن به
سازمان جامعه است

l'organisation de la société spécialement conçue par ces
inventeurs

سازمان جامعه به طور خاص توسط این مخترعان ساخته شده است

L'histoire future se résout, à leurs yeux, dans la propagande
et l'exécution pratique de leurs projets sociaux

تاریخ آینده ، از نظر آنها ، خود را در تبلیغات و عملی اجرای برنامه
های اجتماعی خود حل می کند

Dans l'élaboration de leurs plans, ils ont conscience de
s'occuper avant tout des intérêts de la classe ouvrière

در شکل گیری برنامه های خود ، آنها آگاه هستند که عمدتا به منافع طبقه
کارگر توجه می کنند

Ce n'est que du point de vue d'être la classe la plus
souffrante que le prolétariat existe pour eux

تنها از نقطه نظر اینکه بیشترین طبقه رنج کشیده است ، پرولتاریا برای
آنها وجود دارد

L'état sous-développé de la lutte des classes et leur propre
environnement informent leurs opinions

وضعیت توسعه نیافته طبقاتی مبارزه و محیط اطراف آنها نظریات آنها
را آگاه می کند

Les socialistes de ce genre se considèrent comme bien
supérieurs à tous les antagonismes de classe

این نوع سوسیالیست ها خود را بسیار برتر از تمام تضادهای طبقاتی می
دانند

Ils veulent améliorer la condition de tous les membres de la
société, même celle des plus favorisés

دوی غواړی چی د ټولنی د هر غړی حالت ښه کړی ، حتی د غوره
کسانو حالت هم ښه کړی

Par conséquent, ils s'adressent habituellement à la société dans son ensemble, sans distinction de classe

له دي امله ، دوی په عادی توگه د طبقاتی تبعیض پرته په پراخه توگه تولنی ته مراجعه کوی

Bien plus, ils font appel à la société dans son ensemble de préférence à la classe dirigeante

بلکه آنها به طور کلی به جامعه متوسل می شوند و طبقه حاکمه را ترجیح می دهند

Pour eux, tout ce qu'il faut, c'est que les autres comprennent leur système

برای آنها ، تمام چیزی که لازم است این است که دیگران سیستم خود را درک کنند

Car comment les gens peuvent-ils ne pas voir que le meilleur plan possible est le meilleur état possible de la société ?

زیرا چگونه ممکن است مردم نتوانند ببینند که بهترین برنامه ممکن برای بهترین حالت ممکن جامعه است ؟

C'est pourquoi ils rejettent toute action politique, et surtout toute action révolutionnaire

از این رو ، آنها تمام اقدامات سیاسی ، و به ویژه انقلابی را رد می کنند

ils veulent arriver à leurs fins par des moyens pacifiques

دوی غواړی چی په سوله ایزه لارو خپلو اهدافو ته ورسپړی

ils s'efforcent, par de petites expériences, qui sont nécessairement vouées à l'échec

دوی هڅه کوی ، د ورو تجربو له لاري ، چی په حتمی توگه د ناکامی محکوم دی

et par la force de l'exemple, ils essaient d'ouvrir la voie au nouvel Évangile social

او د مثال په زور هڅه کوی چی د نوی تولنیز انجیل لپاره لاره هواره کړی

De tels tableaux fantastiques de la société future, peints à une époque où le prolétariat est encore dans un état très sous-développé

چنین تصاویر خارق العاده از جامعه آینده ، در زمانی ترسیم شده است که پرولتاریا هنوز در یک وضعیت بسیار توسعه نیافته است

et il n'a encore qu'une conception fantasmatique de sa
propre position

و هنوز هم فقط یک تصور خیالی از موقعیت خود دارد

Mais leurs premières aspirations instinctives correspondent
aux aspirations du prolétariat

اما اولین آرزوهای غریزی آنها با آرزوهای پرولتاریا مطابقت دارد

L'un et l'autre aspirent à une reconstruction générale de la
société

دواره د تولني د عمومي بيا رغوني هيله لري

Mais ces publications socialistes et communistes
contiennent aussi un élément critique

اما این نشریات سوسیالیستی و کمونیستی دارای یک عنصر انتقادی نیز
هستند

Ils s'attaquent à tous les principes de la société existante

دوی د موجوده تولني پر هر اصل بريد کوی

C'est pourquoi ils sont remplis des matériaux les plus
précieux pour l'illumination de la classe ouvrière

از این رو آنها مملو از با ارزش ترین مواد برای روشن فکری طبقه
کارگر هستند

Ils proposent l'abolition de la distinction entre la ville et la
campagne, et la famille

آنها پیشنهاد می کنند که تفاوت بین شهر و روستا و خانواده از بین برود۔

la suppression de l'exercice de l'industrie pour le compte des
particuliers

د خصوصي اشخاصو لپاره د صنايعو د چللو لغوه کول

et l'abolition du salariat et la proclamation de l'harmonie
sociale

او د معاشونو د سيستم له منځه ورل او د تولنيز همغږي اعلانول

la transformation des fonctions de l'État en une simple
surveillance de la production

د دولت د دندو بدلول يوازي د توليد د نظارت په توګه

Toutes ces propositions ne pointent que vers la disparition
des antagonismes de classe

همه این پیشنهادات ، تنها به ناپدید شدن تضادهای طبقاتی اشاره می کند

Les antagonismes de classe ne faisaient alors que surgir

تضادهای طبقاتی ، در آن زمان ، فقط در حال ظهور بودند

Dans ces publications, ces antagonismes de classe ne sont reconnus que dans leurs formes les plus anciennes, indistinctes et indéfinies

، په دي خپرونو کې دا طبقاتي تضادونه يوازي په خپلو لومرنيو ناڅرګندو او ناتعريف شکلونو کي پيژندل شوي دی

Ces propositions ont donc un caractère purement utopique

بنابراین ، این پیشنهادات کاملا اتوپیایی هستند

La signification du socialisme et du communisme critiques-utopiques est en relation inverse avec le développement historique

اهمیت سوسیالیزم و کمونیزم انتقادی با توسعه تاریخی رابطه معکوس دارد

La lutte de classe moderne se développera et continuera à prendre une forme définitive

مبارزه طبقاتی مدرن توسعه خواهد یافت و به شکل قطعی خود ادامه خواهد داد

Cette réputation fantastique du concours perdra toute valeur pratique

د سيالۍ څخه دا خيالي دريځ به ټول عملي ارزښت له لاسه ورکړی

Ces attaques fantastiques contre les antagonismes de classe perdront toute justification théorique

این حملات خیالی به تضادهای طبقاتی تمام توجیه های نظری را از دست خواهد داد

Les initiateurs de ces systèmes étaient, à bien des égards, révolutionnaires

د دي سيستمونو بنستګران ، له ډيرو اړخونو ، انقلابي وو

Mais leurs disciples n'ont, dans tous les cas, formé que des sectes réactionnaires

اما شاگردان آنها ، در هر مورد ، فقط فرقه های ارتجاعی را تشکیل داده اند

Ils s'en tiennent fermement aux vues originales de leurs maîtres

دوی د خپلو بادارانو اصلي نظریات ټينګ ساتي

Mais ces vues s'opposent au développement historique progressif du prolétariat

اما این دیدگاه ها در تضاد با پیشرفت تاریخی مترقی پرولتاریا است

**Ils s'efforcent donc, et cela constamment, d'étouffer la lutte des classes**

بنابراین ، آنها تلاش می کنند ، و آن هم به طور مداوم ، مبارزه طبقاتی را از بین ببرند

**et ils s'efforcent constamment de concilier les antagonismes de classe**

و آنها به طور مداوم تلاش می کنند تا تضادهای طبقاتی را با هم مصالحه کنند

**Ils rêvent encore de la réalisation expérimentale de leurs utopies sociales**

دوی اوس هم د خپلو تولنیزو یوتوپیا تجربوی تحقق خوبونه لری.

**ils rêvent encore de fonder des « phalanstères » isolés et d'établir des « colonies d'origine »**

دوی اوس هم د منزوی "فالانستر "د بنست اینودلو او د "کورنی مستعمرو "د جورولو خوبونه لری.

**ils rêvent de mettre en place une « Petite Icarie » – éditions duodecimo de la Nouvelle Jérusalem**

دوی د نوی بیت المقدس د "لیټل ایکاریا "د جورولو خوبونه لری.

**Et ils rêvent de réaliser tous ces châteaux dans les airs**

او دوی خوبونه لری چی دا ټولی کلاګانی په هوا کی درک کری

**Ils sont obligés de faire appel aux sentiments et aux bourses des bourgeois**

هغوی مجبوره دی چی د بورژوازی احساساتو او بکسونو ته مراجعه وکری

**Peu à peu, ils s'enfoncent dans la catégorie des socialistes conservateurs réactionnaires décrits ci-dessus**

به تدریج آنها در طبقه بندی ارتجاعی محافظه کار سوسیالیست ها قرار می گیرند که در بالا به تصویر کشیده شد

**ils ne diffèrent de ceux-ci que par une pédanterie plus systématique**

دوی له دی څخه یوازی د دیر سیستماتیک پیدنتری له لاری توپیر لری

**et ils diffèrent par leur croyance fanatique et superstitieuse aux effets miraculeux de leur science sociale**

او د تولنیزو علومو د معجزاتی تاثیراتو په اره د متعصبانه او خرافاتی عقیدی له مخی توپیر لری

Ils s'opposent donc violemment à toute action politique de la part de la classe ouvrière

بنابر این آنها با خشونت با هر گونه اقدام سیاسی از سوی طبقه کارگر مخالفت می کنند

une telle action, selon eux, ne peut résulter que d'une incrédulité aveugle dans le nouvel Évangile

د هغوی په وینا ، داسي عمل يوازي په نوی انجیل باندي د روند بی اعتقادی له امله پایله کېدای شی

Les owénistes en Angleterre et les fouriéristes en France s'opposent respectivement aux chartistes et aux réformistes

په انگلستان کي اووینیت، او په فرانسه کي فورریس، په ترتیب سره د چارتیست او "ریفورمیستس "مخالفت کوی

## Position des communistes par rapport aux divers partis d'opposition existants

د مختلفو موجودو مخالفو گوندونو په اړه د کمونیستانو موقف

La section II a mis en évidence les relations des communistes avec les partis ouvriers existants

بخش دوم روابط کمونیست ها را با احزاب موجود طبقه کارگر روشن کرده است

comme les chartistes en Angleterre et les réformateurs agraires en Amérique

لکه په انګلستان کې چارتیست، او په امریکا کې د زراعتی اصلاحاتو

Les communistes luttent pour la réalisation des objectifs immédiats

کمونیست ها برای رسیدن به اهداف فوری مبارزه می کنند

Ils luttent pour l'application des intérêts momentanés de la classe ouvrière

آنها برای اجرای منافع لحظه ای طبقه کارگر مبارزه می کنند

Mais dans le mouvement politique d'aujourd'hui, ils représentent et s'occupent aussi de l'avenir de ce mouvement

اما در جنبش سیاسی حال ، آنها همچنین نماینده گی می کنند و از آینده آن جنبش مراقبت می کنند

En France, les communistes s'allient avec les social-démocrates

در فرانسه کمونیست ها با سوسیال دموکرات ها متحد می شوند

et ils se positionnent contre la bourgeoisie conservatrice et radicale

و خود را در مقابل بورژوازی محافظه کار و رادیکال قرار می دهند

cependant, ils se réservent le droit d'adopter une position critique à l'égard des phrases et des illusions traditionnellement héritées de la grande Révolution

با این حال ، آنها این حق را برای خود محفوظ می دارند که در رابطه با عبارات و توهمات که به طور سنتی از انقلاب بزرگ به ارث رسیده اند موضع انتقادی اتخاذ کنند ،

En Suisse, ils soutiennent les radicaux, sans perdre de vue que ce parti est composé d'éléments antagonistes

در سوئیس آنها از رادیکالها حمایت می کنند ، بدون اینکه این واقعیت را از دست بدهند که این حزب از عناصر متخاصم تشکیل شده است

en partie des socialistes démocrates, au sens français du terme, en partie de la bourgeoisie radicale

بخشی از سوسیالیست های دموکرات ، به معنای فرانسوی ، بخشی از بورژوازی رادیکال

En Pologne, ils soutiennent le parti qui insiste sur la révolution agraire comme condition première de l'émancipation nationale

در لهستان آنها از حزب حمایت می کنند که اصرار بر انقلاب زراعتی به عنوان شرط اصلی آزادی ملی دارد

ce parti qui fomenta l'insurrection de Cracovie en 1846

هغه ګوند چی په 1846 کال کې د کراکوف بغاوت ته لمن وو هله

En Allemagne, ils luttent avec la bourgeoisie chaque fois qu'elle agit de manière révolutionnaire

در آلمان هر زمان که بورژوازی به شیوه ای انقلابی عمل کند ، با آن می جنګند

contre la monarchie absolue, l'escroc féodal et la petite bourgeoisie

د مطلقه سلطنت ، د فیودالی سکوایراری او کوچنی بورژوازی په وراندې

Mais ils ne cessent jamais, un seul instant, inculquer à la classe ouvrière une idée particulière

اما آنها هرگز ، برای یک لحظه ، یک ایده خاص را در طبقه کارگر القا نمی کنند

la reconnaissance la plus claire possible de l'antagonisme hostile entre la bourgeoisie et le prolétariat

واضح ترین شناخت ممکن دشمنی بین بورژوازی و پرولتاریا

afin que les ouvriers allemands puissent immédiatement utiliser les armes dont ils disposent

تا کارگران آلمانی بتوانند بلافاصله از سلاح هایی که در اختیار دارند استفاده کنند

les conditions sociales et politiques que la bourgeoisie doit nécessairement introduire en même temps que sa suprématie

شرایط اجتماعی و سیاسی که بورژوازی باید در کنار حاکمیت خود معرفی کند

la chute des classes réactionnaires en Allemagne est
inévitable

سقوط طبقات ارتجاعی در آلمان اجتناب ناپذیر است

et alors la lutte contre la bourgeoisie elle-même peut
commencer immédiatement

او بیا به په خپله بورژوازی په وراندي مبارزه سمدلاسه پیل شی

Les communistes tournent leur attention principalement
vers l'Allemagne, parce que ce pays est à la veille d'une
révolution bourgeoise

کمونیست ها توجه خود را عمدتا به آلمان معطوف می کنند ، زیرا این
کشور در آستانه انقلاب بورژوازی قرار دارد

une révolution qui ne manquera pas de s'accomplir dans des
conditions plus avancées de la civilisation européenne

انقلابی که باید تحت شرایط پیشرفته تر تمدن اروپایی انجام شود

Et elle ne manquera pas de se faire avec un prolétariat
beaucoup plus développé

و این کار باید با یک پرولتاریا بسیار پیشرفته تر انجام شود

un prolétariat plus avancé que celui de l'Angleterre au XVIIe
siècle, et celui de la France au XVIIIe siècle

پرولتاریا چی په اوولسمه پیری کی د انگلستان او په اتلسمه پیری کی د
فرانسی په پرتله ډیر پرمختللی و-

et parce que la révolution bourgeoise en Allemagne ne sera
que le prélude d'une révolution prolétarienne qui suivra
immédiatement

و به این دلیل که انقلاب بورژوازی در آلمان تنها مقدمه ای برای انقلاب
پرولتری خواهد بود

Bref, partout les communistes soutiennent tout mouvement
révolutionnaire contre l'ordre social et politique existant

به طور خلاصه ، کمونیست ها در همه جا از هر جنبش انقلابی علیه نظم
موجود اجتماعی و سیاسی حمایت می کنند

Dans tous ces mouvements, ils mettent au premier plan,
comme la question maîtresse de chacun d'eux, la question de
la propriété

در تمام این جنبش ها ، آنها به عنوان مسئله اصلی در هر یک ، مسئله
مالکیت را به جلو می آورند

quel que soit son degré de développement dans ce pays à ce moment-là

مهم نه دی چی په هغه وخت کی په هغه هیواد کی څومره پرمختگ دی

Enfin, ils œuvrent partout pour l'union et l'accord des partis démocratiques de tous les pays

بالاخره ، آنها در همه جا برای اتحاد و توافق احزاب دموکراتیک تمام کشورها کار می کنند

Les communistes dédaignent de dissimuler leurs vues et leurs objectifs

کمونیست ها از پنهان کردن نظریات و اهداف خود نفرت دارند

Ils déclarent ouvertement que leurs fins ne peuvent être atteintes que par le renversement par la force de toutes les conditions sociales existantes

آنها آشکارا اعلام می کنند که اهداف آنها تنها با سرنگونی اجباری تمام شرایط اجتماعی موجود به دست می آید

Que les classes dirigeantes tremblent devant une révolution communiste

پریږدئ چی حاکمي طبقی د کمونیستی انقلاب په وراندی ولرزیږی

Les prolétaires n'ont rien d'autre à perdre que leurs chaînes

پرولتاریا جز زنجیر ها چیزی برای از دست دادن ندارند

Ils ont un monde à gagner

دوی د گټلو لپاره یوه نړی لری

TRAVAILLEURS DE TOUS LES PAYS, UNISSEZ-VOUS !

د ټولو هېوادونو کارگران ، متحد شئ